现代企业破产与法律风险防范

熊建新　顾建章　娄丽伟　著

延边大学出版社

图书在版编目（CIP）数据

现代企业破产与法律风险防范 / 熊建新，顾建章，娄丽伟著. -- 延吉：延边大学出版社，2022.8
ISBN 978-7-230-03528-6

Ⅰ. ①现… Ⅱ. ①熊… ②顾… ③娄… Ⅲ. ①破产法—研究—中国 Ⅳ. ①D922.291.924

中国版本图书馆CIP数据核字(2022)第144277号

现代企业破产与法律风险防范

著　　　者：	熊建新　顾建章　娄丽伟		
责任编辑：	乔双莹		
封面设计：	正合文化		
出版发行：	延边大学出版社		
社　　　址：	吉林省延吉市公园路977号	邮　　编：	133002
网　　　址：	http://www.ydcbs.com	E-mail：	ydcbs@ydcbs.com
电　　　话：	0433-2732435	传　　真：	0433-2732434
印　　　刷：	北京宝莲鸿图科技有限公司		
开　　　本：	787×1092　1/16		
印　　　张：	10		
字　　　数：	200 千字		
版　　　次：	2022 年 8 月 第 1 版		
印　　　次：	2022 年 8 月 第 1 次印刷		
书　　　号：	ISBN 978-7-230-03528-6		

定价：68.00元

前　言

　　破产是市场经济的必然现象，破产制度是市场经济法律制度体系的一个不可缺乏的元素，破产法是市场经济社会法律体系的重要组成部分，而破产法学则是法学领域一个不断创新而备受关注的课题。一个现代的、先进的市场主体法律制度应当涵盖企业从"摇篮"到"坟墓"的整个生命周期。破产法律制度的完善与否，是衡量一个国家市场经济成熟程度的重要标志。

　　为了加快我国企业的发展，增强我国的经济实力，完善社会主义市场经济体制，我们必须大力开展企业普法活动，提高企业经营者的法律意识、依法经营能力和管理水平，规范企业内部法人治理结构，积极推进企业"外讲信用、依法经营，内讲制度、依法管理"，建立"产权明晰、权责明确、政企分开、管理科学"的现代企业制度，依法处理企业纠纷。

　　本书内容主要包括与现代企业破产相关的基本概念、现代企业破产的相关事宜处理、现代企业破产欺诈行为法律规制与风险防范等。本人在编写本书的过程中，参阅了相关的文献资料，在此谨向相关作者表示衷心的感谢。由于本人水平有限，书中内容难免存在不妥、疏漏之处，敬请广大读者批评、指正，以便进一步修订和完善。

笔者
2022 年 5 月

目　录

第一章　现代企业破产概述 ... 1

第一节　破产概述 ... 1
第二节　破产范围与破产原因 ... 3

第二章　现代企业破产的相关事宜处理 ... 8

第一节　破产案件的申请与受理 ... 8
第二节　破产案件中的特别主体 ... 10
第三节　债务人财产与相关制度 ... 14
第四节　破产程序中的债权及债权申报 ... 28
第五节　重整与和解 ... 35
第六节　破产宣告、破产清算及破产程序终结 ... 55

第三章　现代企业破产欺诈行为法律规制与风险防范 ... 64

第一节　破产欺诈基础理论 ... 64
第二节　破产欺诈行为法律规制的价值功能 ... 80
第三节　破产欺诈行为类型化分析 ... 88
第四节　破产欺诈行为的法律规制 ... 110
第五节　破产欺诈行为的风险预防 ... 134

参考文献 ... 152

第一章　现代企业破产概述

第一节　破产概述

一、破产的概念

破产有两层含义：一是债务人经济状况恶化，不能清偿到期债务的客观事实；二是法院受理当事人的破产申请，成立专门组织清理债权、债务，以债务人的全部财产对债权人进行公平的、有限的偿还的一种特殊程序。这里的清偿是指全部偿还，并非部分偿还。不能清偿是指债务人尽一切所能，穷尽所有办法也不能偿还全部债务。

具体来说，如果存在以下三种情形，就不会破产：

（1）债务人如果能说服债权人允许其延期还债或者减免部分或全部债务，债务人就可以摆脱窘境，避免破产。

（2）如果债务人有与到期债务价值相当的财产如房屋、土地、知识产权等，就可以以该财产获得抵押贷款，用于清偿到期债务，该债务人也不会破产。

（3）如果债务人信誉良好，能够通过举新债还旧债的方式来偿还到期债务，即使其全部财产不能抵偿其全部债务，债务的总额也没有减少，债务人也不会破产，因为其总能将到期债务转换为未到期债务。

例如，早在1979年，美国三大汽车制造公司之一的克莱斯勒公司，因欠债处于破产的边缘，该公司的总裁雅科卡（Lee Iacocca）经多方努力也不能找到一个合作者以解燃眉之急，以至于许多人认为克莱斯勒破产只是一个时间问题。但在最后的关头，雅科卡说服了美国国会参众两院，争取到了15亿美元的贷款，因而避免了克莱斯勒的破产厄运。

二、破产制度的功能

（一）保护债务人的利益

现代破产制度是为保护债务人的利益而产生的，所以现代破产法一般都实行免责主义，最大限度地对符合法定条件的诚实的债务人进行免责，使其摆脱债务危机。各发达国家的破产法经过一系列的改革，由原来以对债权人的公平受偿为目标转为以破产企业再建为目标后，对债务人保护的倾向更加突出。

（二）公平保护债权人的利益

公平是破产法的第一理念，这一理念具体体现在：在破产程序开始时将所有债权视为到期。按照一般理论，债务人对未到期的债务不负有履行的义务，债权人无权请求。如果将这一理论适用于破产法，债权未到期的债权人就不能参加破产分配，但等其债权到期，债务人可能早已不存在了，这样对未到期债权的债权人是极不公平的。为避免这种情况的出现，法律规定在破产立案时所有到期和未到期的债权都享有申报的权利，破产宣告时所有债权视为到期并平等参加破产分配。

（三）弥补普通救济手段的不足

依照一般的救济手段，各债权人为了执行名义的债权，可通过个别诉讼请求对债务人的财产进行强制执行。但是，当债务人的财产不足以清偿全部债务时，先通过诉讼而取得判决的债权人可以得到全部清偿，而诉讼在后或者没有诉讼的债权人得不到任何偿还。另外，一旦债务人经济状况不佳，各债权人可能就会纷纷诉讼，以取得先行偿还。为避免这些不足，建立破产清偿制度是必要的。

（四）淘汰落后，优化资源配置

一个企业可能由于各种主观或者客观的原因在市场中丧失竞争优势，濒临破产，进而被破产清算。对这个企业来说，被淘汰出局是运气不佳，但对于整个社会来说却是一个正常的、必然的现象。因为破产是市场经济中的一种机制，这种机制是淘汰落后的一种法定途径，它比通过行政命令途径使落后的经营者出局更具有科学性和合理性，所以通过破产程序使落后的企业遭到淘汰，是优化资源配置的一种有效途径。

（五）维护市场的和谐

无论是让债权人公平受偿，还是让破产企业摆脱困境等全部制度设计，所表征的均是和谐商法制度，都是为了维护市场和谐。

第二节　破产范围与破产原因

一、破产范围与制度适用

破产范围也称破产法适用范围，是依破产法规定破产的主体范围，属于破产范围的主体方有资格申请或被申请破产。

（一）破产范围

1.企业法人

《中华人民共和国企业破产法》（以下简称《企业破产法》）第二条规定："企业法人不能清偿到期债务，并且资产不足以清偿全部债务或者明显缺乏清偿能力的，依照本法规定清理债务。"因此，《企业破产法》适用的范围是企业法人，个体工商户、自然人不属于破产范围的主体，非法人企业原则上也不属于破产范围的主体。

2.非法人组织

《企业破产法》第一百三十五条规定："其他法律规定企业法人以外的组织的清算，属于破产清算的，参照适用本法规定的程序。"即只有其他法律对非法人企业有破产规定时，其程序才参照《企业破产法》进行。目前，规定非法人企业破产清算的只有《中华人民共和国合伙企业法》（以下简称《合伙企业法》）第九十二条："合伙企业不能清偿到期债务的，债权人可以依法向人民法院提出破产清算申请，也可以要求普通合伙人清偿。合伙企业依法被告破产的，普通合伙人对合伙企业债务仍应承担无限连带责任。"即非法人组织破产，适用《企业破产法》的只是程序部分，不包括实体内容。

（二）制度适用

企业法人破产原则上不应有区别，但根据我国具体情况，《企业破产法》除适用于所有企业法人外，对国有企业法人破产与金融机构法人破产的制度适用的特殊情况作了规定。

1.国有企业法人

国有企业法人是国家单独投资，或各级人民政府授权本级政府的国有资产监督管理部门以投资人身份投资设立的企业，其全部投资的资产为国有资产。这类企业包括国有独资公司和没有进行公司改制的国有企业、国有控股公司。作为法人企业，毫无疑问这类企业适用《企业破产法》。但《企业破产法》第一百三十三条对部分国有法人企业的破产作出了专门规定："在本法施行前国务院规定的期限和范围内的国有企业实施破产的特殊事宜，按照国务院有关规定办理。"

这一规定是基于历史原因对部分国有法人企业破产的特殊安排，针对那些大型的、资源型的国有企业和军工企业。这些企业为后来改革开放政策的实施作出了巨大贡献，但在计划经济时期没有自己支配的收入，利润全部上缴，在实行市场经济后因经营范围和产品不适应市场经济的要求而面临困境，甚至有的企业资源枯竭、面临破产，导致长期为企业作出贡献的职工的安置问题解决不了。为了解决这一问题，我国将这些企业中原来由国家划拨的国有土地使用权授权给企业进行变现，用以安置职工。适用这些政策的企业范围和时间应由国务院作出明确规定，所以对于这类国有企业破产制度的适用，《企业破产法》在规定时预留了空间，作出了特别的规定。在国务院规定范围外的国有企业一律按照与其他企业法人一样的破产程序处理。

2.金融机构法人

金融机构法人包括商业银行、证券公司、保险公司、信托投资公司、证券投资基金管理公司、融资租赁公司等企业。这类企业法人的最大特点是"用别人的钱来赚钱"，其财产构成与一般的企业法人不一样，一般企业法人的财产主要是自有财产，而金融机构法人的财产绝大部分是客户的财产。这些企业的破产问题具有特殊性：一是金融机构法人的经营活动都是用客户财产进行的；二是其自有财产和客户财产不能完全分离；三是破产要求必须以自有财产偿债，不能破客户的产。所以金融机构法人发生债务危机时，除破产、重整外，还有接管、托管等特殊措施。因此，在这类法人破产适用《企业破产法》的前提下，又存在一些特殊规定：

第一，作为债务人的金融机构出现破产原因时，自己不能提出破产申请，而只能由国务院金融监督管理机构作为申请人向法院提出申请；第二，如果是债权人对金融机构债务人向法院提起诉讼或申请执行，国务院金融监督管理机构需要对其采取接管、托管措施的，有权申请法院中止诉讼程序或者执行程序；第三，金融机构适用《企业破产法》的同时，国务院有权制定专门适用于金融机构的实施办法。

二、破产原因

（一）破产原因的概念和构成

破产原因是适用破产程序所依据的特定法律事实，是使法院作出破产宣告的特定事实状态，是破产程序得以发生的实质条件。破产原因的特征是：第一，必须是实际存在的事实状态，而不是债权人或债务人的主观臆断；第二，必须是法律规定的事实状态，而不能是法律规定之外的事实。

破产原因有单一原因和复合原因之分。单一原因即是指以债务人不能清偿到期债务为破产的唯一原因；复合原因是在不能清偿到期债务的基础上又加了其他条件。我国现行法律中，采用单一原因的有《中华人民共和国公司法》（以下简称《公司法》）、《中华人民共和国商业银行法》（以下简称《商业银行法》）和《合伙企业法》。

《公司法》第一百八十七条第1款规定："清算组在清理公司财产、编制资产负债表和财产清单后，发现公司财产不足清偿债务的，应当依法向人民法院申请宣告破产。"《商业银行法》第七十一条第1款规定："商业银行不能支付到期债务，经国务院银行业监督管理机构同意，由人民法院依法宣告其破产。"《合伙企业法》第九十二条第1款规定："合伙企业不能清偿到期债务的，债权人可以依法向人民法院提出破产清算申请，也可以要求普通合伙人清偿。"

以上三部法律规定的都是单一原因，即只要财产不足以清偿债务，或者不能支付到期债务，就具备了破产原因。

《企业破产法》采用的是复合原因。其第二条第1款规定："企业法人不能清偿到期债务,并且资产不足以清偿全部债务或者明显缺乏清偿能力的,依照本法规定清理债务。"这一规定表明,不能清偿到期债务与资产不足以清偿全部债务或者明显缺乏清偿能力这两个选择项中的任何一项组合在一起,才构成一个完整的破产原因,这三项中的任何一项都不能单独构成破产原因。这里的破产原因与《公司法》和《商业银行法》规定的不一致,应当按照新法优于旧法的原则处理,即只要是法人破产,应一律采用复合原因。但对于合伙企业破产,其破产原因不适用破产法规定的复合原因,因为非法人企业破产只是参照程序,不参照实体。

1. 不能清偿到期债务

不能清偿到期债务包括客观的不能清偿和推定的不能清偿。客观的不能清偿是指债务的履行期限已经届满,而债务人没有按时履行的客观事实;推定的不能清偿是指债务人停止清偿债务并呈连续状态,如无相反证据,可推定为不能清偿到期债务。

2. 资产不足以清偿全部债务

资产不足以清偿全部债务就是俗称的"资不抵债",它是一个动态的概念,强调的是资产负债比,主要是指债务人资产的客观、真实价值,而不是账面资产。如果这类资产的总值低于债务人欠的债务总额,就可以认定是资产不足以清偿全部债务。

3. 明显缺乏清偿能力

明显缺乏清偿能力,是指债务人的资产状况表明其明显不具有清偿全部债务的能力。具体表现为多次拖欠他人债务长期不予归还,资产多体现为积压产品,以及只能以某种实物物品偿付债务等。

(二)"不能清偿到期债务""资不抵债"与"明显缺乏清偿能力"的关系

有人将"资不抵债"作为破产原因,认为只要债务人"资不抵债",该债务人就要破产了。也就是说,破产就是债务人失去偿还债务的能力,其物质标准是债务大于资产。如一个企业总资产只有100万元,而总债务却有500万元,其显然没有偿还债务的能力。然而更多人认为,"资不抵债"只是失去偿还债务能力的物质标准,并不是破产原因。

例如,假设一个企业的全部资产只有100万元,全部债务有500万元,但该企业有良好的信誉,在债务到期时总能通过举新债还旧债的方式一一偿还。这样,虽然债务总额没变，但却不应宣告其破产。相反，假如一个企业有 200 万元的债务，有 240 万元的总资产，但其可用于偿债的款项只有 80 万元，全都用于偿债后，如果未得到清偿的债权人不让步，申请法院执行债务人的不动产，结果执行了 120 万元的不动产，如此，这个企业赖以生存的物质基础就不完整了，必然无法经营，最终走向破产。

总之，"资不抵债"只是破产的一个物质条件，不是充分条件。它和"不能清偿到期债务"相比，一个是事实上的破产原因，一个是法律上的破产原因，二者结合才构成一个完整的破产原因。所以"资不抵债"只能在破产原因中作为一个从项，只有与核心主项"不能清偿到期债务"结合，才形成破产法上的破产原因。"资不抵债"不等于"不能清偿到期债务"，也不能替代"不能清偿到期债务"而单独适用。

"明显缺乏清偿能力"也是一个动态的标准，它会因时而变，所以它和"资不抵债"一样，不能单独作为破产原因，只能与债务人"不能清偿到期债务"结合才可作为申请破产的根据。

对于债权人来说，申请债务人破产只要能证明债务人不能清偿到期债务即可，而无须证明债务人资产不足以清偿全部债务或者明显缺乏清偿能力，因为债权人无法了解债务人财产的具体情况，也无法对债务人进行具体调查。债权人提出申请以后，由法院根据审查确认债务人是否具备破产原因，最终决定是否裁定受理。

第二章　现代企业破产的相关事宜处理

第一节　破产案件的申请与受理

一、破产案件的申请

（一）破产申请

破产申请是指破产申请人请求法院受理破产案件。在我国，破产程序的开始不以申请为准而以受理为准。因此，破产申请是破产程序开始的条件。

（二）破产申请人

（1）债务人。即不能清偿到期债务的债务人申请自己破产。
（2）债权人。即不能按期受偿的债权人申请不能清偿到期债务的债务人破产。
（3）清算组织。企业法人已解散但未清算或者未清算完毕，清算组织发现该企业资产不足以清偿债务的，应当向人民法院申请破产清算。债权人和债务人享有破产申请的权利，清算组织负有依法申请破产的义务。

破产申请人向人民法院提出破产申请，应当提交破产申请书和有关证据。人民法院受理破产申请前，申请人可以请求撤回申请。

二、破产案件的受理

（一）破产案件受理的概念

破产案件受理，又称立案，是指法院在收到破产案件申请后，认为申请符合法定条件而予以接受，并由此开始破产程序的司法行为。

（二）破产案件受理的条件

我国对破产申请实行审查受理制。因此，对破产申请的审查是破产案件受理的必要程序。审查包括形式审查和实质审查两个方面。

（1）形式审查。主要确定是否具备法律规定的形式条件，审查内容包括：申请人的资格、申请材料是否齐备、本院是否有管辖权、债务人的破产资格等。

（2）实质审查。确定破产原因是否存在。

（三）受理通知和公告

人民法院受理破产案件后，应当按照法定期限通知申请人、债务人和债权人，并且发布公告。人民法院受理破产申请的，应当自裁定作出之日起 5 日内送达申请人；债权人提出申请的，人民法院应当自裁定作出之日起 5 日内送达债务人；法院应当自裁定受理破产申请之日起 25 日内通知已知债权人，并予以公告。

（四）受理的效果

法院受理破产申请，意味着破产程序的开始，并使债务人的财产进入保全状态，债权人的权利行使受到约束。具体而言，法院受理破产申请会产生以下效果：

（1）法院指定的管理人接管债务人企业。如：债务人的财产持有人应当向管理人交付财产。

（2）债务人的有关人员承担法定义务。如：未经人民法院许可，有关人员不得离开住所地，不得新任其他企业的董事、监事、高级管理人员等。这里的"有关人员"，是指企业的法定代表人；经人民法院决定，可以包括企业的财务管理人员和其他经营管理人员。

(3) 债务人对个别债权人的债务清偿无效。

(4) 有关债务人财产的保全措施应当解除，执行程序应当中止。

(5) 已经开始而尚未终结的有关债务人的民事诉讼或者仲裁应当中止。

(6) 有关债务人的民事诉讼，只能向受理破产申请的人民法院提起。

第二节　破产案件中的特别主体

破产案件中的特别主体特指仅在破产申请受理后至破产程序终结时存续的主体，根据《企业破产法》的规定，包括管理人、债权人会议、债权人委员会。

一、管理人

（一）管理人的概念

管理人是指法院受理破产申请后委任的接管债务人的财产并予以占有和处分的人员。管理人的设立，实现了破产程序对债务人财产的全面约束，从根本上保障了债权人的受偿利益。《企业破产法》规定，人民法院裁定受理破产申请的，应当同时指定管理人。

（二）管理人的任职主体

下列主体可以担任破产案件的管理人：

（1）清算组。

（2）社会中介机构。包括依法设立的律师事务所、会计师事务所、破产清算事务所等。

（3）社会中介机构人员。该人员要求具备相关专业知识并取得执业资格。对于个人担任管理人的，法律强制要求参加执业责任保险。

（三）管理人的任职限制

有下列情形之一的，不得担任管理人：

（1）因故意犯罪受过刑事处罚。

（2）曾被吊销相关专业执业证书。

（3）与本案有利害关系。

（4）人民法院认为不宜担任管理人的其他情形。

（四）管理人的任免

管理人由人民法院任免。债权人会议认为管理人不能依法公正执行职务或者有其他不能胜任职务情形的，可以申请人民法院予以更换。一旦被人民法院指定为管理人，没有正当理由不得辞去职务。

（五）管理人的职责

管理人依法执行职务，向人民法院报告工作，并接受债权人会议和债权人委员会的监督。管理人接管债务人企业，主要履行下列职责：

（1）接管债务人的财产、印章和账簿、文书等资料。

（2）调查债务人财产状况，制作财产状况报告。

（3）决定债务人的内部管理事务。

（4）决定债务人的日常开支和其他必要开支。

（5）在第一次债权人会议召开之前，决定继续或者停止债务人的营业。

（6）管理和处分债务人的财产。

（7）代表债务人参加诉讼、仲裁或者其他法律程序。

（8）提议召开债权人会议。

（9）列席债权人会议，报告职务执行情况，并回答询问。

（10）人民法院认为管理人应当履行的其他职责。

二、债权人会议

债权人会议是全体债权人参加破产程序并集体行使权利的决议机构。它作为一个整体，按照自治原则开展活动。

（一）债权人会议的组成

1. 成员

依法申报债权的债权人为债权人会议的成员。

2. 主席

债权人会议设主席，由人民法院从有表决权的债权人中指定。主席主持债权人会议。

（二）债权人会议的职权

债权人会议行使下列职权：①核查债权；②申请人民法院更换管理人，审查管理人的费用和报酬；③监督管理人；④选任和更换债权人委员会成员；⑤决定继续或者停止债务人的营业；⑥通过重整计划；⑦通过和解协议；⑧通过债务人财产的管理方案；⑨通过破产财产的变价方案；⑩通过破产财产的分配方案；⑪人民法院认为应当由债权人会议行使的其他职权。

（三）债权人会议的召开

1. 首次会议

首次会议由人民法院召集，自债权申报期限届满之日起15日内召开。

2. 他次会议

他次会议的召开须由特定主体决定或提议。可决定的主体为人民法院。可提议的主体包括：管理人、债权人委员会、占债权总额四分之一以上的债权人。

（四）债权人会议决议的形成

1. 普通决议

普通决议适用"双半数原则"通过，即：

(1) 人数过半。出席会议的有表决权的债权人过半数。
(2) 债权过半。所代表的债权额占无财产担保债权总额的二分之一以上。

2.特别决议

重整、和解等特别决议的形成，按照法律规定处理。

债权人会议不能形成决议的，由人民法院裁定。债权人会议的决议，对于全体债权人均有约束力。

三、债权人委员会

债权人委员会是由债权人会议选任的，在破产程序中代表债权人全体利益，监督破产程序进行的机构。

（一）债权人委员会的产生

(1) 债权人会议选任。
(2) 法院书面认可。

（二）债权人委员会的职权

债权人委员会行使下列职权：
(1) 监督债务人财产的管理和处分。
(2) 监督破产财产分配。
(3) 提议召开债权人会议。
(4) 债权人会议委托的其他职权。

第三节　债务人财产与相关制度

一、债务人财产的概念和范围

（一）债务人财产的概念

债务人财产，是指法院受理破产申请时属于债务人的全部财产，以及破产申请受理后至破产程序终结前债务人取得的财产。债务人财产是我国现行破产制度中首次采用的一个概念。我国原有的破产法律规范只使用破产财产的概念，其存在局限性，因为它只限于破产宣告时债务人拥有的全部财产和破产宣告至破产程序终结前债务人取得的财产。而在法院受理破产申请至破产宣告期间的财产已不同于法院受理破产申请之前的财产，它的使用、管理已经受到了限制，所以原有的破产财产的概念没有明确这一阶段的财产性质。加之《企业破产法》中不仅规定了和解程序，还规定了重整程序，这两个程序中的债务人财产也受到了限制，但又不能称其为破产财产，所以有必要用一个统一的概念将破产各个程序中受到限制的债务人的财产统一起来，债务人财产的称谓解决了这一问题。

根据《企业破产法》第四章的规定，法院受理破产申请后，原企业的财产就转变为债务人财产，这种财产就不再是一般意义的债务人享有占有权、使用权、收益权和处分权的财产，而是具有特定用途和目的的财产。债务人财产具有两个突出特点：一是财产存在的目的由原来的以只为生产经营为特征转变为专为《企业破产法》规定的各个程序服务；二是财产的占有人和管理人发生了变化。

（二）债务人财产的范围

根据《企业破产法》第三十条的规定，债务人财产的范围包括破产申请受理时属于债务人的全部财产，以及破产申请受理后至破产程序终结前债务人取得的财产。这些财产具体包括：

（1）法院受理破产申请时债务人企业所有的和经营管理的全部资产，均应认定为债务人财产。

（2）债务人在破产申请受理后到破产程序终结前所取得的财产，债务人的债务人偿还的债务和获得的利息，债务人的财产持有人交付的财产、行使撤销权追回的财产等，都应该归入债务人财产。

（3）应该由债务人行使的其他财产权利，包括专利权、商标权、著作权、专有技术等，还包括债务人企业与其他企业联营所投入的财产和应当得到的利益，都应该归入债务人财产。

（4）债务人在中国境外购买的股票、债券、投资及其他在中国境外的财产也并入债务人财产。

（5）债务人按份享有所有权的共有财产的相关份额，或者共同享有所有权的共有财产的相应财产权利，以及依法分割共有财产所得部分，人民法院均应认定为债务人财产。

（6）债务人的开办人在开办时出资不足的，在债务人破产立案后应当予以补足，补足部分属于债务人财产。

（7）债务人破产申请受理前受让他人财产并依法取得所有权或者土地使用权的，不论是否已支付或者已完全支付对价，该财产仍属于债务人财产。如债务人在破产立案前买了一辆汽车，但是只支付 1/3 价款时被破产立案，这时该汽车仍是债务人财产。

（8）债务人的财产被采取民事诉讼执行措施的，在受理破产案件后尚未执行的或者未执行完毕的剩余部分，在破产立案后列入债务人财产。因错误执行而应当执行回转的财产，在执行回转后列入债务人财产。

（9）债务人依照法律规定取得代位求偿权的，依该代位求偿权享有的债权属于债务人财产。如债务人作为保证人履行了保证义务后，他对被保证人享有的债权列入债务人财产。

（10）债务人在破产立案时未到期的债权视为已到期的债权，属于债务人财产，但是应当减去未到期的利息。

（11）债务人设立的分支机构和没有法人资格的全资机构的财产以及在其全资企业中的投资权益属于债务人财产。

（12）债务人对外投资形成的股权，管理人可以将其出售、转让，出售、转让所得和股权收益为债务人财产。

（13）债务人依法享有的可以用货币估价并可以依法转让的债权、股权、知识产权、用益物权等财产和财产权益，属于债务人财产。

（14）债务人已依法设定担保物权的特定财产，人民法院应当认定为债务人财产。

下列财产不属于债务人财产：

（1）取回权的标的物。包括债务人基于仓储、保管、承揽、代销、借用、寄存、租赁等法律关系占有、使用的他人财产。

（2）担保物灭失后产生的保险金、补偿金、赔偿金等代位物。

（3）特定物买卖中，尚未转移占有，但相对人已完全支付对价的特定物。

（4）尚未办理产权证或者产权过户手续，但已向买方交付的财产。

（5）债务人在所有权保留买卖中尚未取得所有权的财产。

（6）所有权专属于国家且不得转让的财产。

（7）债务人工会所有的财产。

（8）债务人的职工住房，已经签订合同、交付房款、进行房改而给个人的，不属于债务人财产。

（9）债务人的幼儿园、学校、医院等公益福利性设施，不属于债务人财产。

二、债务人处分财产行为的撤销、无效和财产的追回

（一）债务人处分财产行为的撤销

1.撤销权的含义及构成要件

债务人平时处分自己的财产，只要不违反法律的禁止性规定，是自己权利范围内的事，法律一般不作干涉。但是债务人进入破产程序后，其在破产程序前的一定期限内的一些处分财产的行为对债权人的利益可能构成实质性损害，如果对其不加追究，这种损害就难以补救。所以各国破产法赋予管理人或债权人撤销权，这样就使破产程序作为强制程序有了一个特殊的功能，即溯及既往的效力。

破产法上的撤销权，是指破产程序开始后，管理人请求法院对债务人在破产程序开始前的法定期限内实施的损害破产关系人利益的行为予以撤销，并使因此而转让的财产或者利益回归债务人的权利。撤销权的构成要件是：

（1）债务人在破产程序开始前实施了损害债权人利益的行为。所谓损害债权人利益的行为，是指该行为引起了作为债务履行担保的一般财产的减少，或直接导致破产程

序的开始,或者该行为在日后开始的破产程序中影响债权人按破产程序所受的分配。

损害债权人利益的行为还必须具备两点:第一,这种行为必须是有效行为,并且其危害性在撤销权行使时仍然存在。如果开始即为无效行为,无所谓撤销。该行为在成立时对债权人有害,而在撤销权行使时危害性已不复存在的,行使撤销权已无意义。第二,可撤销的行为必须是法律明确规定的。法律未规定的,即使实质损害了债权人的利益,也不可以撤销。

(2)该行为发生在破产程序开始前的法定期限内。破产程序开始后债务人对其财产的管理权已由管理人行使,债务人已丧失了对其财产的所有处分权。这时债务人处分财产的行为均为无效行为,所以即使其处分了其财产,也不发生法律效力,故无须撤销。所以,可撤销的行为必然发生在破产程序开始前,但不是破产程序开始前的任何时间内的行为均可以撤销,而是有法定期限的。我国《企业破产法》规定的期限是法院受理破产案件前的1年内。

(3)对有偿行为,当事人须有主观上的恶意;对无偿行为,只要损害了债权人的利益,都应撤销。

2.可撤销行为的范围

可撤销行为分为两类,即损害全体债权人的行为和偏袒部分债权人的行为。这两类行为如果是发生在法院受理破产申请前1年内,均属应撤销范围。

(1)损害全体债权人的行为

①无偿转让财产。无偿转让财产是指债务人在不取得对价的情况下,将属于自己所有的财产让渡给他人。不论无偿转让财产的受益人主观上是否存在过错,也无论是直接受益人还是间接受益人,都应撤销该行为,使债务人财产恢复原状。但受益人以公平价格将该财产转让给了他人,受让人又无过错的,该受让人不受追究,只能由第一取得人将转让所得价款返还。债务人为纯公益事业所发生的无偿转让行为不予撤销。

②以明显不合理价格进行交易。以明显不合理价格进行交易是指债务人在交易时放弃部分可得利益,使其财产减少的行为,具体是指债务人以明显低于当时市场同类产品的价格销售产品,或者以明显高于当时市场同类产品的价格购买产品或接受服务的行为。如果以明显高于市场价格的价格销售产品,且并未因此而多付出成本和代价,也未因此而减少财产总额,不在撤销之列。

③放弃自己的债权。一般债务人依法有权放弃自己的债权,但在出现债务危机的情况下,债务人放弃自己的债权损害了全体债权人的应得利益,所以,《企业破产法》规

定该行为属于可撤销的行为。但是债务人因放弃债权获得了公平的回报,没有因放弃行为而减少财产的,这种放弃行为有效。

(2)偏袒部分债权人的行为

①对没有财产担保的债务提供财产担保。按照《企业破产法》的规定,对于有财产担保的债权,债权人有权就担保物不依破产财产分配程序而优先受偿,在一般情况下,该债权人所获偿还部分或者是足额的,或者不足额但是比其他债权人获得更充分受偿。只要是依法成立的,这一权利就是受法律保护的。但如果债务人在法定期限内对原来没有担保的债务提供了财产担保,使该债权人变为可就担保物优先受偿的债权人,那么债务人财产就会因该债权人优先就特定物行使权利而减少,其他债权人因此会受到损失,所以法律规定应当撤销这种行为。

②对未到期的债务提前清偿。一般债务除了合同关系中约定属于即时清结的外,都有偿还期限,以明确债务的起始和终结时间。只要债权人接受,债务人可以提前清偿未到期的债务。但涉及破产时,在法定期限内对未到期的债务提前清偿,使该债务的债权人获得了优于其他破产债权人的机会和满足,使这部分债权免却了作为一般破产债权所受到的损失,而因此使其他债权人应受偿还额减少,所以,《企业破产法》规定对这种行为应予撤销。

另外,根据《企业破产法》第三十二条的规定,法院受理破产申请前六个月内,债务人已出现破产原因,但仍对个别债权人进行清偿的,也属应当撤销的行为,因为这种清偿肯定不是对全体债权人,而是对部分债权人,属于偏袒行为。所以,该条规定,对该行为,管理人有权请求法院予以撤销。但是对该行为有一种例外,即在这一法定时间内因个别清偿使债务人财产受益的,这种清偿行为有效,不予撤销,因为虽然债务人对部分债权人进行了清偿,但并未因此使债务人财产减少,反倒增加。

(二)债务人处分财产行为的无效

无效行为,是指当事人的行为不具备法律规定的有效条件而不发生法律效力。无效行为本身具有违法性,因而其自始即不发生法律效力。在《企业破产法》中,无效行为不同于可撤销行为,对其没有期限的规定。按照《企业破产法》第三十三条的规定,涉及债务人财产的下列两种行为均不发生法律效力:

(1)为逃避债务而隐匿、转移财产。这是债务人为了逃避债务而发生的行为。隐匿是指隐瞒、藏匿，即对债务人有关财产的信息不予披露，或者将债务人财产或财产权凭证转移至隐蔽处所，使之不能被依法接管和处分。转移是指将债务人的财产或财产权利置于其他权利主体名下，或者将债务人财产无正当理由在企业内部成员中私自分配。这些行为不仅违法，而且使债权人的利益直接受损，所以自始即不发生法律上的效力。

（2）虚构债务或者承认不真实的债务。虚构债务是指故意编造虚假债务以掩盖其非法的财产转移或损失的行为，如制造虚假债务凭证、虚假合同、欠款证明等。承认不真实债务是指债务人在财务会计报告、债务清册中列入不真实的债务内容，使不应获得利益的人获得利益，或者掩盖债务人真实财产状况的行为。这些行为对破产债权人的利益造成实质性损害，所以自始无效。

（三）对可撤销行为和无效行为所处置财产的追回

债务人实施的处置财产的行为被法院认定为应撤销的行为或无效行为后，因该行为所处分的财产应当恢复原状，因为该财产的取得人取得、占有该财产已构成不当得利，管理人有权依法行使对该财产的追回权。财产追回权是指破产申请前的法定期限内因债务人实施的违反公平清偿原则并有损于债权人利益的行为而处分的财产，管理人依法通过法院予以追回的权利。追回权必须具备以下要件：追回权的标的物是债务人在破产申请受理前一定期限内违法并损害债权人利益而处分的财产；行使追回权的主体是管理人；管理人行使追回权，必须以债务人处分财产的行为已被撤销或被确认无效为前提。行使追回权的结果是使债务人的财产恢复原状。

三、出资人出资的补缴及对债务人相关人员非正常收益的追回

（一）出资人出资的补缴

企业出资人的出资是企业从事经营管理和对外承担责任的物质基础。出资人不履行或不完全履行出资，在该企业进入破产程序后，债权人的债权实现必然会因此而受到消极影响，所以管理人对出资人未履行或未完全履行所认缴的出资有要求出资人缴纳的权利。

出资人未履行或未完全履行所认缴的出资的情形包括：

（1）虚报注册资本。在企业设立登记时，采取提供虚假的验资证明或其他欺骗性手段，使注册资本不实而骗取公司设立登记。

（2）虚假出资，抽逃出资。出资人在企业设立或增资时不交付货币、不转移财产权而谎称已出资，或者在企业成立时真实、足额出资，而在企业成立后将出资抽回。

（3）出资不足。股东或其他出资人不缴纳或不足额缴纳其认缴的出资额。

（4）非货币财产估价过高。实物、知识产权或其他非货币财产的作价显著高于章程所定价额或其实际价值。

（5）承诺的增资不到位。在公司或其他企业增加资本时，股东或出资人承诺增资而拒不缴纳或不足额缴纳。

出资人的上述行为在一般情况下会影响企业的正常经营，损害其他出资人的权益，所以对其他出资人依法应承担违约责任；给企业造成损失的，应承担赔偿责任。在破产程序中，这类行为减少了债务人的财产，所以不缴纳或不足额缴纳出资的，构成对债务人的欠债，管理人依法有权要求其缴纳，即使是属于分期出资而出资期限未到，也不能以此为由而拒绝缴纳。

（二）对债务人相关人员非正常收益的追回

根据《企业破产法》第三十六条的规定，这里的"相关人员"是指债务人的董事、监事和高级管理人员。"非正常收益"是指上述人员利用职务之便从企业获取的非正常收入和侵占的企业财产。此外，还包括绩效奖金、普遍拖欠职工工资情况下获取的工资性收入、其他非正常收入。对这类非正常收益，法律赋予管理人追回权予以追回。

四、抵销权

抵销权，是指破产债权人在破产申请受理前对债务人负有债务的，不论债务性质、种类及是否到期，在破产程序中可以向管理人主张等额抵销的权利。

抵销权的行使对破产债权人来说，等于抵销部分破产债权，是完全受偿。从这个角度看，它也是一种优先受偿权。因此，它的行使必然涉及全体债权人的利益，所以依照《企业破产法》的精神，行使抵销权必须符合以下法定条件：

第一，破产抵销权的行使必须以破产债权已申报为前提，并且该债权已经得到确认。

第二，主张抵销的债权、债务均发生在破产申请受理前。

第三，附生效条件的破产债权，在条件未成就时，破产债权人不得行使抵销权；附解除条件的破产债权，在条件未成就时，破产债权人可以行使抵销权，但是，破产债权人在解除条件成就前主张抵销的，必须按抵销额提供相应的担保。

第四，破产债权人行使抵销权必须向管理人提出请求，必须明确地作出表示。

第五，债务人的债务人在破产程序开始后取得他人对债务人的债权的，不得抵销。

第六，债权人已知债务人出现破产原因，甚至提出破产申请的情况后，而对债务人负担债务的，不得抵销。但是债权人因法律规定或在破产申请1年前所发生的原因而负担债务的，可以抵销。

第七，债务人的债务人已知债务人有不能清偿到期债务或破产申请的事实，对债务人取得债权的，不得抵销。但是债务人的债务人因法律规定或在破产申请1年前所发生的原因而取得债权的，可以抵销。

第八，债务人股东因欠缴债务人的出资或者抽逃出资对债务人所负的债务，债务人股东滥用股东权利或者关联关系损害公司利益对债务人所负的债务，均不得抵销。

五、取回权

（一）取回权的概念和特征

取回权，是指法院受理破产申请后，权利人通过管理人取回债务人占有但不属于债务人所有的财产的请求权。取回权有以下特征：

（1）取回权是对特定财产的返还请求权。债务人对他人特定物的占有包括债务人基于仓储、保管、加工承揽、委托交易、代销、借用、寄存、租赁等法律关系占有、使用他人财产，以及因非法侵占、拾得遗失物或购买赃物而占有他人财产。取回权必须以被请求人占有请求人的财产事实为前提，这里的占有包括实际占有、即将占有和曾经占有。对前两者，权利人行使权利取回的即为原物；对后者，分不同情况，可能取回等值价款，也可能只能申报债权。

取回权以特定物为请求标的，针对的一定是特定物，不会是种类物，如果是种类物，也是特定化了的种类物。

（2）取回权是以物权为基础的请求权。取回权的发生基础是物权而非债权，取回权人必须是以物的所有权人身份提出权利主张，如果没有物的所有权，则不能主张取回权。

（3）取回权是在破产程序中行使的特别请求权。其特别性表现在此种权利自法院受理破产申请之日起生效，而且应以管理人为相对人。

（4）在重整程序中取回权的行使受到限制。在重整程序中，取回权人行使取回权必须符合事先约定的条件。

（二）取回权的种类

1.一般取回权

一般取回权是当债务人实际占有他人所有的物而进入破产程序后，权利人可以通过管理人取回该物。所谓实际占有，是指债务人基于仓储、保管、加工承揽、委托交易、代销、借用、寄存、租赁等法律关系合法占有、使用他人财产，或者因非法侵占、拾得遗失物、购买赃物而非法占有他人财产，该财产没有毁损、灭失，在债务人进入破产程序后，该财产正处于管理人的实际控制下，权利人向管理人主张取回。管理人在接到权利人提出的取回主张后，经审查符合《企业破产法》规定的取回权行使的条件，又没有《企业破产法》限制权利行使的情形的，管理人应准予权利人取回。

2.出卖人对出卖物的取回权

根据《企业破产法》第三十九条的规定，法院受理破产申请时，出卖人在符合法定条件下可以将出卖物取回。出卖人取回出卖物必须同时符合以下三个条件：①出卖人在法院受理破产申请时，已经将买卖标的物向作为买方的债务人发运，且正处于运输途中；②作为买方的债务人尚未收到该买卖标的物而没有实际占有；③作为买方的债务人没有付清全额价款。在这三个条件同时具备的情况下，出卖人有权依法将该出卖物原物追回。上述三个条件有一个不具备，出卖人即丧失对出卖物的取回权。

3.赔偿取回权

赔偿取回权是完全不同于上两种取回权的一种特别取回权。一般取回权和出卖人对出卖物的取回权都是原物返还请求权，而赔偿取回权取回的却不是原物，即当取回权的标的物在法院受理破产申请后因管理人的过错毁损或者灭失，原物已无法取回时，取回权人可以请求取回等值价款。赔偿取回权行使的条件是：①债务人曾经占有取回权的标的物，不论合法占有还是非法占有；②取回权的标的物已被毁损或者灭失，而且必须是在债务人进入破产程序后发生的；③取回权标的物的毁损、灭失是因管理人故意或未尽到妥善管理造成的。如果取回权标的物是在破产程序开始前毁损或者灭失的，只能产生赔偿请求权，该赔偿请求权是债权，权利人只能通过债权申报、破产财产分配实现；如果取回权标的物是在破产程序中非因管理人的过错而毁损、灭失，如系不可抗力所致，权利人也不能主张赔偿取回权。

六、别除权

（一）别除权的概念和特征

别除权又称为有财产担保债权，是指对债务人特定财产享有担保权或者依法享有优先权的人，有权就该特定财产优先受偿。别除权的权利人即有财产担保债权人不依破产分配程序而就担保物优先受偿。别除权的标的物是从债务人财产中别除掉的那部分特定财产，除非别除权人放弃优先受偿权，其标的物在破产宣告后不得列入破产财产。别除权具有如下法律特征：

（1）别除权必须是在破产程序开始前一定时间合法成立的。《企业破产法》第三十一条第3项规定，在法院受理破产申请前1年内，债务人对没有财产担保的债务提供财产担保，管理人有权请求法院予以撤销。也就是说，别除权必须是在法院受理破产申请1年前即已合法成立，否则，不属于别除权。

（2）别除权是以担保物权为基础的权利。别除权本身不是《企业破产法》新创设的权利，而是对依照物权法、担保法的规定而形成的既成实体权利给予的特殊待遇。所以，只有在破产程序开始前已经取得担保物权的债权人才享有别除权。

（3）别除权人对其享有的债权必须依法申报并经确认。即使是有财产担保的债权，如果权利人不按法院确定的申报期限申报，在破产程序中也不得优先受偿。

（4）别除权是以实现债权为目的的权利。根据物权法和担保法的精神，担保物权从属于受担保的债权，债权的有效和存续决定着担保物权的有效和存续，债权消灭，担保物权随之消灭。债权的范围和实现条件也是担保物权的范围和实现条件。这些基本精神在《企业破产法》中同样适用。所以，别除权以担保的债权合法、有效为前提，其行使以债权清偿为限度，担保物的价款超过债权的部分必须返还，归入债务人财产。

（5）别除权是以债务人的特定财产为标的物的请求权。别除权人享有优先受偿权的财产来源是依约定或法定设立了担保权的担保物，该担保物即别除权的标的物。按照《企业破产法》的规定，别除权的标的物必须是债务人的特定财产，别除权人只能针对该特定财产行使优先受偿权，而不是针对债务人的其他财产行使优先受偿权。当别除权的标的物不足清偿时，别除权人只能以未受偿的债权作为普通债权参加集体受偿。

（6）别除权人不参加以破产财产分配为内容的集体受偿。别除权人就担保物单独受偿，其权利行使的内容是针对物而不是针对人，只能以就担保物行使优先受偿权后未受清偿部分参加集体受偿。

（二）别除权的种类

别除权包括抵押权、质权和留置权等担保物权，也包括依《中华人民共和国合同法》《中华人民共和国海商法》《中华人民共和国民用航空法》等法律规定的有关请求权人对在建工程、船舶、民用航空器的优先权。

（三）别除权的行使

别除权人行使优先受偿权不受破产程序进程的约束，如果别除权人占有担保物，可自行折价或变价以优先受偿；如果别除权人不占有担保物，其行使优先受偿权时必须通过管理人才能折价或变价以优先受偿。

行使别除权时，如果其标的物的价款超过债权数额，超过部分收归债务人财产和破产财产；如果债权数额超过担保物价款，超过部分作为破产债权申报并参加破产程序，通过破产财产分配实现。

特别值得注意的是，按照《企业破产法》的规定，对破产人的特定财产享有担保权的权利人，对该特定财产享有优先受偿的权利。但是别除权人的优先权不是绝对的，《企业破产法》施行后，破产人在该法公布之日前所欠职工的工资和医疗、伤残补助、抚恤费用，应当划入职工个人账户的基本养老保险、基本医疗保险费用，以及法律、行政法规规定应当支付给职工的补偿金，在破产财产受偿后就不足的部分，对存在担保物权的特定财产优先于对该特定财产享有担保权的权利人受偿。

七、破产费用与共益债务

（一）破产费用

破产费用，是指破产程序开始和进行中为了破产程序的顺利进行而支付的各项费用。哪些支出应列为破产费用，不是任意的，必须由法律作出明确规定。因为破产费用依法从债务人财产中列支，它的支出关系到全体债权人的利益，所以其支出的多少与债权人在财产分配时的所得额成反比关系。并且如果债务人由破产程序转入重整或者和解程序，破产费用的过多支出会削弱债务人实施这两种程序的物质基础，所以同样会影响债务人的利益。正因如此，《企业破产法》对破产费用的范围作出了明确规定，只有以下几项才能作为破产费用从债务人财产中列支：

1. 破产案件的诉讼费用

破产案件的诉讼费用的范围比较广，包括破产申请费，破产程序中法院作出各种裁定所需费用以及发出通知和公告、送达法律文书的费用，为追回债务人财产而发生的诉讼、仲裁费用，管理人代表债务人作为原告或被告起诉或应诉的费用，参加与债务人有关的仲裁的费用，以及为了破产程序的进行而发生的鉴定费、审计费、翻译费，等等。

2. 管理、变价和分配债务人财产的费用

管理人在破产程序开始时接管债务人的财产及事务，需要对债务人财产尽妥善管理的职责，在管理过程中所发生的支出均是为了破产程序的进行和全体债权人的利益，应从债务人财产中支出。为了破产财产的分配，除不能变现的财产外绝大部分财产都需要通过鉴定、估价，并以拍卖、招标、标价等方式变价，因此发生的费用也是破产费用。管理人在分配财产时要发布分配公告、通知，并且依法对应提存的分配额提存，这类费用都从债务人财产中支出，也属于破产费用。

3. 管理人执行职务的费用、报酬和聘用工作人员的费用

管理人由法院指定后，它虽然不代表债权人和债务人，但为全体债权人的共同利益而工作，所以其执行职务的费用及报酬和聘用工作人员的费用均属破产费用。

（二）共益债务

共益债务是在法院受理破产申请后的破产程序进行中为全体债权人的利益而发生

的各种债务。它和破产费用区别的关键点在于：破产费用是为了保证破产程序的进行而产生的常规性、程序性的支出，虽然其也必然涉及债权人的实体权利，但主要是为了程序的进行；而共益债务是在破产程序中为债权人的共同受益即实体财产权利的增加和保有而产生的支出。共益债务同破产费用一样，都是从债务人财产中支付，其支付的多少将同破产费用一样，对债权人、债务人产生消极影响，所以，其范围也必须由《企业破产法》作出明确的界定。根据《企业破产法》的规定，共益债务包括以下六种：

（1）因管理人或者债务人请求对方当事人履行双方均未履行完毕的合同所产生的费用。根据《企业破产法》的规定，对债务人未履行或未履行完毕的合同，管理人有解除或履行的决定权。当管理人为全体债权人利益考虑而决定继续履行该类合同时，履行该合同本身的支出应从债务人财产中列支，这是使全体债权人受益的支出，所以为共益债务；同时，对方当事人有要求管理人提供担保的权利，如因合同履行对对方当事人产生债务，对方当事人行使担保权即形成对全体债权人的共益债务。

（2）债务人财产因受无因管理所产生的债务。在法院受理破产申请后，债务人的财产或事务由第三人管理，而第三人的这种管理行为并没有法律上或合同上的义务，其管理债务人财产或事务所支出的费用就形成了共益债务。

（3）因债务人财产取得不当得利所产生的债务。在破产程序中，管理人管理债务人财产和事务时没有合法根据而取得不当利益并使他人受到损害的，形成不当得利之债，该债务应为共益债务，从债务人财产中拨付偿还。

（4）为债务人继续营业而应向职工支付的劳动报酬和社会保险费用。《企业破产法》第六十一条第1款第5项赋予债权人会议继续或停止债务人营业的权利。如果债权人会议决定债务人继续营业，则应依据按劳取酬的原则为职工支付报酬，并依法支付社会保险费用，这些费用应作为共益债务从债务人财产中支付。

（5）管理人或相关人员执行职务致人损害所产生的债务。在破产程序中，管理人或相关人员为了维护债务人财产和增加债务人财产总额，保障全体债权人的利益，执行职务所产生的消极后果应作为共益债务。但这里仅限于职务行为给他人造成损害，非职务行为给他人造成的损害应由管理人或相关人员自负责任。

（6）债务人财产致人损害所产生的债务。在破产程序中，债务人财产致他人损害，如化学物品遭雷击泄漏污染了他人鱼塘等造成的后果，属于共益债务。

（三）破产费用和共益债务的关系

破产费用是常规性、程序性支出，在破产的整个流程中，只有保证该程序的顺利进行才能实现破产清算的价值目标——债权人集体公平受偿。从这一点来讲，保证破产费用比保证共益债务更重要，所以在处理二者关系时，在债务人财产有限的情况下，《企业破产法》规定应先满足破产费用。

1.破产费用和共益债务均为绝对优先支付项目

破产费用和共益债务在《企业破产法》中不被列入破产财产分配顺序，而是在分配顺序之外优先支付，即在职工债权、税款债权和普通债权均不考虑的前提下优先考虑破产费用和共益债务，二者在破产程序中随时支付，也就是何时发生何时支付。但其与债权人的利益休戚相关，其支付应接受债权人会议的监督。

2.债务人财产不足以清偿破产费用和共益债务时应优先清偿破产费用

在破产费用和共益债务优先随时支付的前提下，当债务人财产足以支付破产费用和共益债务时，二者处于平等地位。但是当债务人财产不能满足破产费用和共益债务两者的全部清偿要求时，为了保证破产程序的进行，就必须优先支付破产费用。《企业破产法》第四十三条第2款规定："债务人财产不足以清偿所有破产费用和共益债务的，先行清偿破产费用。"例如，债务人财产有12万元，而破产费用和共益债务分别有10万元，那么就先拿出10万元支付破产费用，剩余部分支付共益债务。

3.债务人财产不足以支付所有破产费用或者共益债务的，按照比例清偿

当债务人财产不足以支付破产费用的全部各项或者共益债务的全部各项时，在破产费用内部和共益债务内部对各项按比例支付。如上述在债务人财产满足破产费用的情况下，共益债务共10万元，而能用于支付的债务人财产只有2万元，如共益债务的6项中有4项分别是2万元，2项分别是1万元，那么这6项即按照比例分配。假设破产费用10万元，分别是诉讼费4万元，管理、变价、分配费3万元，管理人报酬3万元，而债务人财产只有8万元，那么按照比例分，诉讼费3.2万元，管理、变价、分配费2.4万元，管理人报酬2.4万元。

4.当债务人财产不足以支付破产费用时，破产程序终止

进入破产程序的债务人，其财产有时不仅不能支付欠债权人的全部债务，甚至连破产费用都不能支付。这时的债务人丧失了进行重整与和解的物质基础，破产程序已经无法继续进行了。所以，《企业破产法》第四十三条第4款规定："债务人财产不足以清偿破产费用的，管理人应当提请人民法院终结破产程序。人民法院应当自收到请求之日起十五日内裁定终结破产程序,并予以公告。"

第四节 破产程序中的债权及债权申报

一、破产程序中的债权的概念及特征

从程序角度来看,债权是指债权人依破产程序申报并经确认的、能够依破产程序受偿的财产请求权;从实体角度来看,债权是指在破产程序开始前或破产程序开始后成立的对债务人享有的金钱或可以用金钱计算的请求权。此类债权具有如下法律特征:

第一,债权人在破产程序中,只能通过债权申报提出权利请求,最后经过清算程序通过分配实现权利请求。

第二,破产程序中的债权是以债务人财产为对象而又不能直接、即时行使的请求权。法院受理破产案件前,债权行使的对象是债务人。而法院受理破产案件后,债务人对个别债权人清偿的行为已被禁止,按照破产的集体受偿原则,任何债权人在破产程序中都不能就债务人财产即时受偿,何时受偿依程序发展而定。

第三,破产程序中的债权应在破产程序开始前或基于破产宣告前的原因成立。债权划定的时间界限是为了使债权的范围固定化,以便破产程序的顺利进行。所以除非特殊情况,破产程序中的债权必须是在破产程序开始前就已经成立,或者虽未成立但成立债权的原因已经具备,如正在诉讼或仲裁过程中,否则,不能在破产程序中行使。特殊情况如破产程序开始后管理人解除合同给合同对方当事人造成的损失可以作为债权申报。

二、申报债权的范围

破产程序中可以申报的债权类别如下:

(1)确定的并成立于破产程序开始前的无财产担保债权和有财产担保债权。所有在法院受理破产申请前已经成立的债权均包括在内。但在破产宣告后,这两种债权的性质发生的变化、实现的途径和方式各不相同：有财产担保债权依据别除权就担保物优先受偿，无财产担保债权作为破产债权依分配实现。

（2）税收债权。破产程序开始前债务人欠缴的税款，也作为一种特殊的债权在破产程序中行使。之所以说它特殊，是因为税收债权产生的法律基础、权利主体和性质用途都不同于一般债权：其产生的法律基础是公法而非私法；其权利主体是国家；其是国家财产的构成部分并用于行使国家职能和社会管理职能的支出。

（3）未到期的债权。破产程序开始时债权人享有的未到期的债权视为到期，但如果该类债权是附有利息的，从破产程序开始时起计息停止，即债权的总额为破产程序开始前的本金加利息和破产程序开始后的本金。

（4）附条件的债权。附条件的债权是指由将来不确定事实的成就或不成就决定生效或消灭的债权，所附条件包括生效条件和解除条件。前者是指当所附条件成就即发生效力的债权，即虽然债权已成立，但因条件未成就而没有最终生效；后者是指所附条件成就即消灭的债权，即债权虽已生效，但因条件成就而消灭。这两种债权中前者不论条件成就与否均可通过破产程序申报，但最终条件未成就者不得参加分配；后者只有在条件未成就时才可通过破产程序申报。

（5）附期限的债权。附期限的债权是指以将来确定事实或日期的到来为条件决定生效或消灭的债权。附期限的债权包括附始期的债权和附终期的债权：前者在期限到来时发生效力；后者在期限届满时失去效力。学理上又将附期限的债权分为附确定期限的债权和附不确定期限的债权：前者是指债权据以发生或消灭的事实或时间都是确定的，如国庆到来之日；后者是指债权据以发生或消灭的事实或时间有其一不确定，如企业老板去世之日。

（6）因票据关系产生的债权。这是指票据的出票人进入破产程序，而付款人或承兑人继续付款或承兑，因此产生的请求权。

（7）因解除合同给对方当事人造成损失而产生的债权。法院受理破产申请后，其指定的管理人依法有权决定未履行或未履行完毕的合同的解除或继续履行，如果管理人决定解除合同或因管理人不作为推定解除合同，合同对方当事人因此遭受损失的，该损失赔偿请求权作为可申报的债权。

（8）债务人的受托人为债务人利益处理受托事务产生的债权。作为委托合同委托人的债务人进入破产程序后，受托人不知该事实，继续处理委托事务而产生的请求权作为申报的债权。这是破产法规定的不知，如果知道，却仍为了债务人的利益处理，也应算在内。

（9）债务人的保证人依照《中华人民共和国担保法》（以下简称《担保法》）第三十二条的规定，预先行使追偿权而申报的债权为可申报的债权。《担保法》第三十二条规定："人民法院受理债务人破产案件后，债权人未申报债权的，保证人可以参加破产财产分配，预先行使追偿权。"

（10）债务人为保证人的，在破产程序开始前已经被生效的法律文书确定承担的保证责任，因此而形成的债权，其债权人有权申报。

（11）债务人在破产程序开始前因侵权、违约给他人造成财产损失而产生赔偿责任的，对方享有的请求权为可申报的债权。

（12）债务人退出联营应当对该联营企业的债务承担责任的，联营企业的债权人对该债务人享有的债权有权申报。

（13）财政、扶贫、科技管理等行政部门通过签订合同，按有偿使用、定期归还原则发放的款项可以作为申报的债权。

（14）取回权的标的物在破产程序开始前毁损、灭失的，取回权人只能以直接损失额申报债权。

（15）因交互计算关系产生的债权。交互计算是一种信用关系，是指当事人对交易而产生的债权、债务进行定期计算并相互抵销，仅支付其差额的约定。在交互计算一方进入破产程序后，交互计算关系应当停止，对方当事人因交互计算所产生的余额，作为债权在破产程序中行使。

（16）债务人发行债券而形成的债权。

三、债权申报的期限与程序

债权申报，是指债权人在破产程序开始后法律规定的期限内，向法院或者法院指定的管理人呈报债权，以明确其依破产程序行使权利的意思表示。债权申报是破产程序中的重要制度，它是债权人参加破产程序并行使权利的前提。未申报债权的债权人即使是实质上的债权人，也不能被视为程序上的债权人，即不能通过破产程序行使各项权利。所以，法院自裁定破产立案之日起的法定期限内必须发出通知和公告，告知申报债权的时间、地点。

（一）债权申报期限

债权申报期限，是指法律规定或法院酌定的，债权人向法院或者其指定的管理人申报债权的期间。各国（地区）破产法中关于债权申报期限都有规定，期限长短及决定期限的方式各有不同，一般分为法定主义和法院酌定主义。

法定主义，是指债权申报的期限由法律直接规定。法院酌定主义，是指债权申报的期限由法院根据具体情况加以确定。

我国《企业破产法》采用法院酌定主义，其第四十五条规定："人民法院受理破产申请后，应当确定债权人申报债权的期限。债权申报期限自人民法院发布受理破产申请公告之日起计算，最短不得少于三十日，最长不得超过三个月。"

（二）接受债权申报的机构和债权申报方式

关于接受债权申报的机构，各国法律规定有所不同，有的国家规定由法院接受债权申报，有的规定向债权人代表申报债权，有的国家规定向管理人申报债权。我国《企业破产法》规定的接受债权申报的机构为管理人，其第四十八条第1款规定："债权人应当在人民法院确定的债权申报期限内向管理人申报债权。"

关于债权申报方式，为了保证债权申报的严肃性，各国破产法一般都规定口头申报方式不被允许，即多采用书面申报方式。我国认可书面申报方式，而不认可口头申报方式。《企业破产法》第四十九条规定："债权人申报债权时，应当书面说明债权的数额和有无财产担保，并提交有关证据。申报的债权是连带债权的，应当说明。"

债权人在申报债权时不负有举证责任。如果债权人在申报时对自己申报的债权的成立或有效与否不能举证，其申报权并不因此而被剥夺，因为申报债权只是债权人主张参加破产程序并行使权利的意思表示，其申报权的行使并不会对其他债权人的利益构成损害。所以，管理人、债务人或其他债权人对任何债权人申报的债权都无异议权，也不能要求申报人必须举证。但如果申报的债权已被审查和确认，就会对其他债权人的利益带来影响，所以债务人和其他债权人对经审查确认的债权有异议权。

（三）申报债权的范围和几种特殊情况的处理

前述所列的债权均在申报之列，包括有担保的、无担保的、到期的、未到期的，附条件的、附期限的，已成立的、未成立的，甚至不能证明其是否成立的债权都可申报。

但以下几种特殊情况按照我国《企业破产法》的规定分别处理:

1.连带债权的申报

连带债权是就一份债权有数个债权人,各债权人之间有连带关系。按照债法的一般原理,各连带债权人均有权要求债务人履行全部债务,每一债权人都有权接受债务人的全部给付,只要一个债权人受领债务人的全部给付,全部债权债务关系归于消灭。所以,连带债权人可以单独或共同就全部债权对债务人行使权利,行使权利的结果归于全体债权人。按照这一原理,《企业破产法》作了很好的衔接,其规定,连带债权人可以由其中一人代表全体连带债权人申报债权,也可以共同申报债权。

2.债务人的保证人及连带债务人债权的申报

(1)债务人的保证人的债权申报。按照《中华人民共和国担保法》的规定,保证分一般保证和连带责任保证。一般保证是指基于当事人的约定,债务人不能履行债务时,由保证人承担保证责任;保证人在主合同纠纷未经审判或仲裁,并就债务人财产依法强制执行仍不能履行债务前,对债权人可以拒绝承担保证责任。连带责任保证是指债务人的债务期限届满,债权人可以向债务人行使债权,也可以向保证人行使债权。但一旦债务人进入破产程序,所有的保证均变为连带责任保证,即债权人可以申报债权,参加破产程序,然后就未受清偿部分向保证人追偿;也可以直接向保证人主张债权,而保证人不能以一般保证或债务未到期为由对抗债权人。所以进入破产程序后,保证人的责任更重。为了保护保证人权利的行使,《企业破产法》分两种情况对保证人申报债权作出了特别规定:第一,保证人已经代替债务人清偿债务的,因此取得代位债权,其可以就该请求权申报债权;第二,保证人尚未代替债务人清偿债务而未取得代位求偿权的,在债权人没有向管理人申报债权的前提下,其可就对债务人的将来请求权申报债权。

(2)债务人的其他连带债务人债权的申报,与保证人和债权申报相同。

3.连带债务人数人进入破产程序的,其债权人债权的申报

连带债务人对债权人均负有清偿全部债务的义务,债权人有权向任何一个连带债务人主张全部债权。前面已阐述,如果一个连带债务人破产,债权人可就全部债权申报,其他连带债务人也可就代位债权或将来请求权申报。但连带债务人数人或全部进入破产程序,债权人可就多少债权额对哪个债务人行使债权,必须由法律作出规定。对此,有的国家规定债权人可就债权总额,即包括已受偿还的部分向每个债务人申报,如瑞士;有的国家规定只能就债权总额减去已受偿还部分的余额向每个债务人申报,如德国。我国《企业破产法》第五十二条规定:"连带债务人数人被裁定适用本法规定的程序的,

其债权人有权就全部债权分别在各破产案件中申报债权。"这里规定得不甚明确,但应理解为包括已受偿还的全部,在审查时应将受清偿部分排除掉。

4.免申报的债权

免申报的债权即在破产程序开始后无须按照法院规定的期限进行申报的债权。能够列入免申报的债权必须具备以下四个条件:

一是必须有法律作出明确规定,没有列入免申报范围的债权必须申报,否则,在破产程序中不得行使权利;二是在债务人处有清晰的账目,有据可查;三是利益集中且利益请求相同;四是直接关系到利益主体的基本权益,甚至关系到社会的稳定。

符合这四个条件的债权只有债务人所欠的职工工资,医疗、伤残补助和抚恤费用,所欠的应当划入职工个人账户的基本养老保险、基本医疗保险费用,以及法律、行政法规规定应当支付给职工的补偿金。按照《企业破产法》的规定,这类债权由管理人调查后列出清单予以公示即可,而无须申报,因为如果这类债权必须走申报程序,在规定的时间内不申报利益就会受到影响,进而会影响到职工的生存。正因如此,《企业破产法》不仅规定这类债权免申报,还规定了补救程序,即职工对管理人公示的清单记载有异议,有权要求管理人更正;管理人拒不更正的,职工可以向法院提起诉讼。

(四)未如期申报债权的处理

未如期申报的债权是指债权人未能在法定或法院要求的期限内向管理人申报的自己对债务人享有的债权。对于未如期申报的后果,各国规定差异很大:有的国家规定,不论出于什么原因未如期申报债权,其所导致的法律后果是债权归于消灭,也就是不如期履行申报程序,就导致实体权利的消灭。有的国家对未如期申报的债权区别不同情况给予适当救济,所谓不同情况就是看不申报能否归责于债权人自己。

基于这两种原因,各国(地区)的做法分为两类:一类是因不可归责于债权人自己的事由而未如期申报的,可以补充申报;而完全是因归责于债权人自己的事由而未如期申报的,不得再补充申报。另一类是不论出于何种原因未如期申报,均可补充申报。这又分为两种情况:一种是在导致未申报的事由终止后的法定时间内,无条件补充申报;另一种是即使因不可归责于自己的事由导致未如期申报,也必须通过诉讼程序复权,才可以补充申报。

在认识到不申报即丧失实体权利具有不合理性的前提下,我国借鉴他国经验,对未如期申报债权区别不同情形采取较宽松的补充申报的原则：

一是债权人在法院确定的债权申报期限内没有申报，又没有在破产财产最后分配前补充申报的，该债权人不得依破产程序行使权利。

二是债权人在法院确定的期限内未申报债权，有权在破产财产最后分配前补充申报，并可以参加破产财产分配。但已经分配的部分不再对其补充分配。为审查和确认其申报的债权所支出的费用由补充申报人承担，而其他债权人的该项费用属于破产费用，从债务人财产中列支。

（五）对申报债权的处理

为了保证参与破产分配的债权的真实性，以使全体破产债权人公平受偿，《企业破产法》对申报债权的处理作了具体、明确的规定。

1.登记、审查与编制债权表

对于申报的债权，接受申报的机构应当就债权的不同性质制作债权登记册，进行登记，登记的内容应当包括债权人的姓名、名称、住所、债权数额及性质、债权发生的原因等。管理人对所有申报的债权登记造册后，即开始对债权的真实性、有效性进行审查，在此基础上编制债权表。管理人将编制的债权表和债权申报材料一并保存，供利害关系人查阅。

2.核查与确认

管理人编制并审查过的债权表所列债权，仍不是可以参加破产分配和可以行使优先权的债权。其数额是否准确，性质如何，是否有表决权，还不能最终确定，需要由特定的机关来核查和最终确认。我国《企业破产法》规定，对债权表的核查权属于债权人会议，在第一次债权人会议上管理人应将债权表提交核查，债权人、债务人对债权表记载的债权没有异议的，由法院最终裁定确认债权的效力。

（六）对申报债权异议的处理

债权人或债务人对经管理人登记并审查的债权表记载的债权有异议的，《企业破产法》规定了救济途径。因为对申报债权的认可或否定，实际上是对债权人权利的认可和否定。这不仅关系到该债权人的利益，也关系到全体债权人的利益，还关系到债务人的利益。所以不论是债权人还是债务人，对债权有异议的，均可向受理破产申请的法院提起确认债权或否认债权的诉讼。如果是债权人起诉，其被告理应是债务人，但因债务人的所有事务已转移给了管理人，所以由管理人作被告。如果是债务人起诉，其被告是个别债权人或全体债权人。经诉讼，法院所作出的裁决为终审裁决，其确认债权的债权人可以据以参加破产程序并行使权利，其否认债权的债权人无权参加破产程序。

第五节　重整与和解

一、重整

（一）重整的概念和特征

重整是指对已具备破产原因或可能出现破产原因而有拯救希望的债务人实施的，保护其继续营业并挽救其生存的积极程序。重整程序追求的目标不同于破产程序，它并不是为了对债权人公平分配而使债务人归于消灭，也不同于和解程序只是消极地避免债务人受破产宣告，而是一种积极的拯救程序。重整程序有以下特征：

1.适用对象特定化

重整程序非常复杂，代价巨大，所以，除美国和法国等少数国家规定适用对象较为宽松外，其他国家对重整适用对象的范围限制得都比较小，如日本仅限于股份有限公司。我国《企业破产法》规定重整的适用对象只有法人企业。合伙企业虽然可以参照《企业破产法》实施破产清算，但不能适用重整程序。

2.原因多元化

重整原因不像破产清算与和解那样单一，申请重整程序可以在具备破产原因而未开始破产程序时或者破产程序开始后，也可以在破产原因未完全具备之前。如我国《企业破产法》规定"明显丧失清偿能力的"即属此类。

3.申请主体多元化

申请破产的主体可以是债权人，也可以是债务人或负有清算责任的机构；申请和解的主体只能是债务人；而申请重整的主体既可以是债权人、债务人，也可以是出资人。

在我国，出资额占债务人注册资本1/10以上的出资人有权申请重整。

4. 重整程序优先化

重整程序不仅优先于一般民事诉讼程序，而且优先于破产程序与和解程序。只要重整程序开始，不仅一般民事诉讼程序应当中止，破产程序与和解程序也应当中止。当破产申请、和解申请与重整申请同时并存时，法院应当优先受理重整申请。

5. 重整期间特定权利行使受限制

重整程序应充分体现社会利益优先原则，而应将债权人利益和其他因素放于次要位置。所以重整期间除非特殊情况，别除权暂停行使，取回权人行使取回权必须符合法定的特殊条件，出资人不得请求分配收益，董事、监事、高级管理人员未经法院许可不得转让股权。

6. 参与主体的广泛化

在重整程序中，参与者除了债权人、债务人外，在破产程序与和解程序中没有任何参与资格的出资人不仅有权列席债权人会议，而且对有的重整计划草案还有表决权。

（二）重整申请

重整程序同破产程序一样，是依有资格的法定申请人申请而发生的程序。

1. 申请重整的条件

（1）债务人具备重整原因，即债务人已具备破产原因或可能出现破产原因。从这一点看，重整原因比破产原因宽泛。

（2）债务人有挽救的希望。启动重整程序的目的是对债务人进行挽救，所以当债务人具备重整原因时，还不能开始重整程序，法院还必须审查债务人是否有重整的希望。对没有挽救希望的债务人进行重整，最终还得转入破产程序，这样既徒劳无益，又会浪费资源，损害债权人的利益。

（3）债务人属于重整制度的适用范围。在我国必须是法人企业才能适用重整程序。

（4）重整申请必须向有管辖权的法院提出。申请重整必须向债务人住所地法院即债务人主要办事机构所在地法院提出，无法确定债务人主要办事机构的，向债务人登记地法院提出重整申请。

2. 重整申请人

根据《企业破产法》第七条和第七十条的规定，重整申请人包括债务人、债权人和出资额占债务人注册资本 1/10 以上的出资人。

（1）债务人

债务人依法可以申请重整。根据《企业破产法》的规定，债务人在以下两种情形下，可以申请重整：

第一，债务人在自己出现破产原因或可能出现破产原因时主动申请重整。出现不能清偿到期债务，并且资产不足以清偿债务或者明显缺乏清偿能力，以及虽未出现破产原因，但有明显丧失清偿能力可能的，债务人可以直接向法院提出重整申请。在这种情况下，虽然还没有外在原因迫使其采取重整措施，但债务人为了摆脱经营困境，避免进入破产程序，可以积极、主动申请重整。

第二，债务人在进入破产程序后可以申请重整。债务人出现破产原因，被债权人申请其破产并经法院裁定受理，已经正式开始破产程序，但在法院裁定破产宣告之前，债务人可以向法院申请重整。这是在不想被破产清算情况下的无奈之举，所以是被动的重整申请。债务人申请的破产程序开始后，债务人自己不能申请重整。

（2）债权人

债权人在债务人出现破产原因或可能出现破产原因的情形下，可以直接向法院提出重整申请。在债务人出现破产原因时，债权人有申请破产清算和申请重整的选择权：如果债权人认为对债务人实施重整比通过破产清算对自己更有利，而且债务人有较充分的挽救希望，他可以直接申请重整；债权人发现债务人可能出现破产原因，为了避免债务人破产给自己带来更大损失，也可以直接申请重整。但在破产程序中，无论是债权人申请的还是债务人申请的破产案件，《企业破产法》都没有赋予债权人申请重整的权利，即债权人只能在破产程序开始前提出重整申请。

（3）出资人

出资人可以是自然人、法人、其他组织，或者是政府授权的国有资产管理部门。这是重整程序与破产及和解程序最大的不同，在后两种程序中，出资人没有参与程序的机会。而实际上，法人的出资人虽然一般只承担有限责任，但企业的利益与其是一致的：企业破产，会使其投资化为泡影；企业挽救成功，对其必然有利。所以重整制度为了调动出资人的积极性，赋予其重整申请权，以便出资人在必要时追加新的出资，以达到重整的目的。但出资人申请重整必须具备法定条件：

第一，出资人提出重整申请必须在破产程序开始后，而且必须是债权人申请破产的案件。在债务人出现或可能出现破产原因而无人提出破产申请，债权人或债务人申请破产而法院未受理或裁定驳回时，即使债务人具备重整原因而没有进入破产程序，债务人的出资人也不能像债务人一样申请重整。破产程序开始后，如果是债务人申请破产的案件，其出资人也不能申请重整。

第二，出资额占债务人注册资本1/10以上的出资人才有资格申请重整。这里不按人数计算，只按出资额计算。可以是一人，也可以是多人，但只要出资额占债务人注册资本的1/10，就具备了申请重整的资格。

（4）国务院金融监督管理机构

金融机构出现重整原因时，国务院金融监督管理机构作为重整申请人向法院提出重整申请。国务院金融监督管理机构包括中国银保监会和中国证监会。重整申请人提出重整申请时，应向法院提交重整申请书和相关证据材料。法院对申请书和材料审查后认为符合重整条件的，应当裁定债务人重整并予以公告。

（三）重整期间

自法院裁定债务人重整之日起至重整程序终止，为重整期间。

1. 重整期间的开始

重整期间开始于法院裁定债务人重整之日。法院裁定债务人重整之日是指法院作出的重整裁定中所确定的债务人开始进行重整的日期，即裁定所确定的具体日期。所以，重整开始之日既不是法院作出裁定之日，也不是裁定送达之日，更不是裁定公告之日，而是法院裁定书所确定的债务人开始重整的日期。

2. 重整的终止时间

重整程序终止之日是指法院所作的裁定中确定终止重整程序的日期。根据《企业破产法》的规定，有下列情形之一的，法院裁定终止重整程序，宣告债务人破产。一是重整程序开始后，重整计划草案未获债权人会议通过，且未获法院批准。二是重整程序开始后，已经债权人会议通过的重整计划草案未获法院批准。三是在重整期间债务人出现下列各种情形，并且管理人或利害关系人请求法院终结重整程序：①债务人的经营状况和财产状况继续恶化，缺乏拯救的可能性；②债务人有欺诈、恶意减少自身财产或其他显著不利于债权人的行为；③由于债务人的行为致使管理人无法执行职务。四是重整期间债务人或管理人未按期提出重整计划草案，被法院裁定终结重整程序。五是重整计划获得通过并经批准后，债务人不能执行或者不执行，被法院裁定终止重整计划执行。

(四) 重整期间债务人财产与营业事务的管理

重整期间，债务人财产与营业事务的管理关系到重整目标的实现，所以，谁有资格管理和有能力管理是非常重要的问题。这一主体一般称为重整管理人、重整机构或者重整人。根据《企业破产法》的规定，在重整期间债务人财产与营业事务的管理原则上由管理人负责。但是，重整程序和破产程序不同，它不是单纯的财产管理和债权、债务清理，它最大的特点是通过加强、改善生产经营活动实现对企业的拯救。这既强调经营的连续性，又有很高的专业性，管理人很难胜任。所以，《企业破产法》作了灵活的规定，重整管理人可以是债务人本身，也可以是管理人。

1. 债务人自行管理其财产和营业事务

《企业破产法》第七十三条第 1 款规定："在重整期间，经债务人申请，人民法院批准，债务人可以在管理人监督下自行管理财产和营业事务。"通过这一条规定可以看出，债务人自行管理财产和营业事务同平时管理不同，法律规定了严格条件，这些条件包括：

（1）债务人必须提出自行管理的申请。在重整期间债务人自行管理财产及经营事务的权利不是自然产生的，申请是其取得这一权利的前提条件。如果债务人不申请，这一权利当然由管理人行使，而不是债务人。

（2）必须经法院批准。即使债务人提出管理申请，也不一定能取得该管理权。申请必须经法院批准，债务人才可自行管理。

（3）债务人对财产和营业事务的管理必须在管理人的监督下进行。重整期间债务人对财产和营业事务的管理不同于以往的营利目的，而是为了保证重整目标的实现，所以必须在管理人的监督下进行。

（4）自行管理必须在法定期限内进行。债务人自行管理的期限是重整期间，即自法院裁定重整之日起，至法院裁定终止重整程序之日止。

（5）在破产程序中进入重整程序的，必须按照法律规定办理移交。重整分直接启动程序和在破产程序中启动程序。如果重整程序是在破产程序中启动的，在此前债务人的事务依法已经由管理人接管，法院批准由债务人自行管理财产和营业事务的，已经接管债务人财产和营业事务的管理人，应当按照法律规定向债务人移交财产和营业事务。同时，法律赋予管理人的职权也由债务人行使。这时的管理人只享有对债务人监督的权利和义务。

2.管理人负责管理债务人财产和营业事务

根据《企业破产法》第七十四条的规定,重整程序开始于破产程序进行中的,在重整期间也可以由管理人管理债务人财产和营业事务。这样的好处是管理人接管债务人后,不需履行移交程序而直接进入重整事务的管理,降低了程序成本;但弊端是重整期间的经营活动对管理人来说并不一定在行,它比一般的破产财产的管理、处分更复杂,所以法律规定由管理人负责管理财产和营业事务的,管理人有权聘请债务人的经营管理人员负责管理营业事务,而其只负责管理财产事务。

(五)重整期间有关权利的行使和事务的处理

重整是为了拯救债务人而创立的一种特殊法律制度。为了实现重整目的,达到重整所追求的效果,必须有特殊的法律措施予以保障。在重整期间,一些权利的行使或者受到限制,或者在破产程序中已经受到的限制予以免除。根据《企业破产法》,重整期间有关权利的行使的规定包括以下两个方面:

1.重整期间别除权行使的限制

在破产程序中,别除权人可就债务人特定财产即担保物优先受偿。但在重整程序中,别除权以暂停行使为原则,以不停止行使为例外。重整是在债务人现有财产基础上实施的挽救,别除权的行使必然会使债务人现有财产减少,这会使已经处于困境的债务人更加困难,使债务人继续营业的物质基础进一步削弱,特别是在别除权的标的物是重要的、关键的财产时。这样重整目的的实现就增加了困难,所以《企业破产法》规定,在重整期间,对债务人的特定财产享有的担保权暂停行使。但是,担保物有损坏或者价值明显减少的可能,足以危害担保权人的权利的,担保权人可以向法院请求恢复行使担保权。

2.对债务人设定新担保限制的免除

在破产程序中,债务人在法定期限内对原来没有担保的债务提供担保的,属于撤销权的范畴,管理人可申请法院予以撤销。这是为了避免破产财产减少而使债权人的利益受损。所以进入破产程序后,原则上不得设立新的担保。

但是,在重整程序中,如果仍然机械地秉持这一原则,将会出现继续营业急需补充适当资金但又无法借款的现实问题,从而无法实现重整目标。所以,针对重整期间的特殊情况,《企业破产法》规定,在特定条件下债务人仍然可以提供担保。

（1）为继续营业需要取回质押物、留置物而提供替代担保

质押，是指债务人或第三人将其动产移交债权人占有，将该动产作为债权的担保，债务人不履行债务时，债权人有权依法以该动产折价或者以拍卖、变卖该动产的价款优先受偿，其中债务人移交的动产就是质物。留置，是指债权人根据保管合同、运输合同、加工承揽合同的约定占有债务人的动产，债务人不按照合同约定的期限履行债务时，债权人有权依照担保法的规定留置该财产，以该财产折价或者以拍卖、变卖该财产的价款优先受偿，其中被债权人留置的财产就是留置物。重整期间，债务人或者管理人为了继续营业的需要，可以通过提供能为债权人接受的新的担保而取回质物、留置物。

（2）为继续营业需要借款而新设担保

借款，是指借款人向贷款人借款，到期返还本金并支付利息的行为。在重整期间，债务人或管理人为了营业需要注入资金是可以借款的，也有权为该借款提供新的担保。

（3）对取回权人行使取回权的限制

《企业破产法》第七十六条规定："债务人合法占有的他人财产，该财产的权利人在重整期间要求取回的，应当符合事先约定的条件。"这一条的规定就是对取回权行使的限制。根据《企业破产法》第三十八条的规定，法院受理破产申请后，取回权人就可以行使取回权。但是在重整期间，为了对债务人进行更有效的挽救，保证重整目标的实现，权利人对债务人任何权利的行使都不得妨碍债务人的经营，所以取回权这种在破产程序中行使不受限制的权利，在重整中也受到了限制。在破产程序中不论约定行使的条件是否具备，取回权都可行使。而在重整程序中，约定条件未达成的，取回权即不得行使。只有符合约定条件的，取回权才能行使。例如，约定设备租赁期限届满出租人才能取回设备的，必须遵守这一约定。

（4）对出资人收益分配请求权行使的限制

出资人对企业出资的目的就是获得出资回报，这种回报是以分配企业经营取得的利润来实现的。出资人的这一权利是受法律保护的。但在重整期间，债务人已经出现不能清偿债务的事实或可能，为了挽救企业，不能作出任何降低经营所需的物质能力的行为，即使通过重整恢复了部分盈利，也应该先用于偿还债务、弥补亏损，而不能对股东进行利润分配。

（5）对特殊主体股权转让的限制

这里的特殊主体是指债务人的董事、监事和高级管理人员，这些人是企业的决策者、监督者和经营管理者，同时又可能是企业的股东。这些人如果持有公司的股权或股份，

除法律另有规定外,有权对外转让。但在重整期间,除了保证其能对企业尽到正常的忠实和勤勉的义务外,还得保证其有更高的经营管理责任心,这靠其本人自觉履行有时很难保证,必须使其不能改变与企业直接的利益联系。所以《企业破产法》规定,董事、监事、高级管理人员在重整期间不得向第三人转让其持有的债务人的股权和股份。即使符合其他法律规定的转让条件,也是如此,除非经法院同意。

(六) 重整计划的制订、通过、批准及其效力

重整计划又称重整方案,是指为维持债务人继续营业,由具有法定资格的主体提出,债权人会议通过并经法院批准,以谋求债务人重生并清理债权债务关系的方案。重整计划是重整的指针,是债务人在重整期间内外事务的规范。它具有以下特点:

第一,重整计划是重整程序必备的法律文件。重整程序开始后,重整计划的有无、是否获得通过或者通过以后是否被批准,是决定重整程序继续还是终止的关键。

第二,重整计划对债务人和全体债权人都具有约束力。有人将重整计划直接定义为协议,所以一经生效,其内容对债权人和债务人双方都具有约束力,任何一方都不得违反方案所确定的义务。

第三,重整计划必须依照法定程序制订并通过。重整计划必须由债务人或管理人拟订,经债权人会议通过、法院批准,才能最终付诸实施。

重整计划的制订包括以下几个程序。

1. 重整计划草案的拟订

(1) 重整计划草案的拟订主体

重整计划草案的拟订主体必须具有法定资格。《企业破产法》第七十九条第1款规定:"债务人或者管理人应当自人民法院裁定债务人重整之日起六个月内提交重整计划草案。"最终由二者中的谁来拟订,要看在重整期间谁获得了对债务人财产或营业事务的管理权:如果债务人申请自行管理并被批准,由债务人拟订;如果债务人未经批准获得管理权,则由管理人拟订。

(2) 重整计划草案拟订和提交的期限

债务人或者管理人提出重整计划草案的期限为法院裁定债务人重整之日起6个月。如果因特殊情况在6个月内没有能够提出草案,在期限届满时又有正当理由,债务人或管理人可以请求法院延期,法院可以裁定延期3个月。所以,债务人或管理人提出重整

计划草案的期限应当为：一般为6个月，特殊情况为9个月。

（3）重整计划草案的提交对象

根据《企业破产法》的规定，债务人或管理人提交草案的对象为法院和债权人会议，而且必须同时向法院和债权人会议提交。

（4）重整计划草案的内容

如果说重整计划是协议的话，那么重整计划草案就是要约，所以，其必须有确定的内容，这些内容应分为法定内容和任意内容。除了必须贯彻"双方意思自治"原则外，法律应对其内容作出必要指引。《企业破产法》第八十一条规定："重整计划草案应当包括下列内容：（一）债务人的经营方案；（二）债权分类；（三）债权调整方案；（四）债权受偿方案；（五）重整计划的执行期限；（六）重整计划执行的监督期限；（七）有利于债务人重整的其他方案。"

2. 重整计划草案的讨论、表决和通过

重整计划草案的讨论、表决和通过，是指将重整计划草案交由关系人组织讨论并同意的过程。这里的关系人组织是债权人会议和出资人表决组的总称。重整计划草案的讨论、表决和通过的程序包括：

（1）在法定期限内召开债权人会议

债务人或管理人在法定期限内制订出重整计划草案并同时提交给法院和债权人会议。法院应当自收到重整计划草案之日起30日内召开债权人会议，表决重整计划草案。

（2）划分表决组

划分表决组，是指将债权人和出资人按照不同的标准分为若干组，再以小组为单位分别进行表决，然后按照各组表决的结果计算关系人组织表决的总结果。这是重整计划草案表决最有特色之处。对债权人划分表决组又分强制性划分和任意性划分两种。

①强制性划分。强制性划分是指法律明确规定分组标准，法院在分组时不能作出改变。《企业破产法》第八十二条第1款规定的分类标准属于强制性划分，具体如下：第一，对债务人的特定财产享有担保权的债权人组；第二，职工债权表决组，即债务人所欠职工的工资和医疗、伤残补助、抚恤费用，所欠的应当划入职工个人账户的基本养老保险、基本医疗保险费用，以及法律、行政法规规定应当向职工支付的补偿金；第三，税款表决组；第四，普通债权表决组。

②任意性划分。任意性划分是指在法律强制性划分标准的基础上，赋予法院根据实际情况改变分组标准的权利。我国《企业破产法》赋予法院的这项权利只限于对普通债

权表决组的进一步划分。《企业破产法》第八十二条第 2 款规定："人民法院在必要时可以决定在普通债权组中设小额债权组对重整计划草案进行表决。"这一规定说明法院的任意划分权只限于对普通债权表决组作进一步划分。

出资人表决组与债权人表决组不同，它不是当然的表决权组，只有重整计划草案涉及出资人权益调整事项的，出资人才有权作为出资人组对草案进行表决。在无须组成出资人表决组时，出资人代表有权列席讨论重整计划草案的债权人会议。组成出资人表决组后，其同样参加债权人会议作为表决组进行表决。

职工债权以外的社会保险费用，在破产分配时是仅次于职工债权的、同税款并列的优先债权序列的债权。根据《企业破产法》第八十三条规定，该社会保险费用不能像其他债权一样在重整计划中规定减免，所以重整计划不涉及该社会保险费用的权益调整，该债权人在重整期间不存在利益损失威胁，因此该项费用的债权人无权参加重整计划草案的表决。

（3）重整计划草案的表决与通过

①每一表决组通过草案的条件。每一表决组通过草案的条件是统一的，即出席会议的同一表决组的债权人过半数同意重整计划草案，并且其所代表的债权额占该组债权总额的 2/3 以上。

②重整计划的通过。每个表决组都通过了重整计划草案，即债权人会议各表决组与出资人表决组均通过草案，重整计划即为通过。

（4）协商

对重整计划草案的表决可能有三种情况：各表决组均通过草案，进入批准程序，法院一般应予以批准；各表决组均未通过草案，不会进入批准程序；部分表决组未通过草案，法院酌情决定是否批准。在第三种情况出现后、法院决定批准前，《企业破产法》赋予债务人或管理人与该表决组协商的权利，协商的内容是对草案是否再表决一次，但协商不得损害其他表决组的利益。

3. 重整计划的批准和重整计划草案的直接批准

重整计划草案获各表决组通过即成为重整计划，重整计划不是可直接付诸实施的计划，它还必须报法院审查并批准后，才可执行。法院的批准分为重整计划的批准和重整计划草案的直接批准。

（1）重整计划的批准

自重整计划通过之日起 10 日内，债务人或管理人应申请法院批准重整计划。法院在接到批准申请后应依照《企业破产法》的规定对重整计划进行审查,经审查认为符合《企业破产法》规定的,法院应在接到批准申请之日起 30 日内裁定批准,同时裁定终止重整程序,并发布公告。重整进入另一阶段。

(2)重整计划草案的直接批准

重整计划草案的直接批准又称强制批准,是指重整计划草案未获所有表决组通过,但因符合《企业破产法》规定的情形,债务人或管理人申请法院对重整计划草案予以直接批准。对重整计划草案的直接批准是立法充分重视重整的价值目标即社会利益和部分债权人及出资人利益以外的其他更大利益的保护而确立的一项强制措施。为了保证这种强制措施的正当性,直接批准重整计划草案必须建立在三大原则基础上,即最小限度区别原则、符合公平补偿原则和符合绝对优先原则。

最小限度区别原则,是指至少有一个表决组通过了重整计划草案,法院才能直接批准重整计划草案。如果所有表决组均未通过重整计划草案,不存在直接批准问题。必须是部分表决组未通过草案,并且债务人或管理人与其协商后该表决组拒绝再次表决或同意再次表决但是表决结果是仍未通过草案。符合这一条件,同时又具备法定的批准情形,法院才能对重整计划草案直接予以批准。

符合公平补偿原则,是指如果某一表决组未通过重整计划草案,那么直接批准的计划草案必须保证这些持反对意见的表决组能获得公平待遇而不会因此受到歧视。

符合绝对优先原则,是指破产清算程序所规定的受偿顺序,在重整计划执行程序中对持反对意见的表决组必须同样适用。也就是说,持反对意见的表决组在清算程序中处于优先顺位,其在重整计划执行中的受偿应优先于其他表决组。例如,别除权人不同意重整计划草案,而普通债权人同意该草案,如果普通债权人在重整计划执行中能获得清偿,别除权人就必须得到 100%的清偿。重整计划草案如果得到优先权人的同意,则不受清偿顺序的约束。所以,这一原则的内容包括两点:第一,任何一个表决组反对一项重整计划草案,该草案获得批准后必须保证这个组别获得充分清偿后,在顺位上后于该组别的其他组别才可以受偿;第二,批准的草案必须保证在持反对意见的表决组获得充分清偿前,在顺位上处于其后的组别不能得到 100%的清偿。

根据上述原则,具备下列六种情形之一的,法院可依债务人或管理人的申请,自其申请之日起 30 日内裁定直接批准重整计划草案,终止重整程序,并予公告:

①按照重整计划草案,对债务人特定财产享有担保权的债权就该特定财产将获得全额受偿,其因延期清偿所受的损失将得到公平补偿,并且其担保权未受到实质性损害,

或者该表决组已经通过重整计划草案;②按照重整计划草案,债务人所欠职工的工资和医疗、伤残补助、抚恤费用,所欠的应当划入职工个人账户的基本养老保险、基本医疗保险费用,以及法律、行政法规规定应当向职工支付的补偿金、债务人所欠税款等债权将获得全额清偿,或者相应表决组已经通过重整计划草案;③按照重整计划草案,普通债权所获得的清偿比例不低于其在重整计划草案被提请批准时依照破产清算程序所能获得的清偿比例,或者该表决组已经通过重整计划草案;④重整计划草案对出资人权益的调整公平、公正,或者出资人表决组已经通过重整计划草案;⑤重整计划草案公平对待同一表决组的成员,并且所规定的债权清偿顺序不违反破产清算程序所确定的偿还顺序;⑥债务人的经营方案具有可行性。

4.经批准的重整计划的效力

《企业破产法》第九十二条第1款规定:"经人民法院裁定批准的重整计划,对债务人和全体债权人均有约束力。"重整计划被批准后,原申报的债权变为重整债权,重整债权依重整计划的规定行使,任何债权人均不得主张重整前的权利。重整计划被批准后,债权人、担保权人和出资人的权利一并随重整计划的规定而变更,上述权利人不得按照变更前的权利主张权利。

未依法申报的债权在重整计划执行期间不得行使权利;在重整计划执行完毕后,可以按照重整计划规定的同类债权的清偿条件行使权利。

重整计划的效力不及于债务人的保证人和其他连带债务人,债权人对债务人的保证人和其他连带债务人所享有的权利不受重整计划影响。

(七)重整计划的执行和监督

重整计划被批准后,重整程序终止,重整进入另一个阶段,即重整计划执行和监督期。

1.重整计划的执行

重整计划的执行是指被批准的重整计划由执行人具体实施的行为和过程的总称。《企业破产法》第八十九条规定:"重整计划由债务人负责执行。人民法院裁定批准重整计划后,已接管财产和营业事务的管理人应当向债务人移交财产和营业事务。"这一规定表明,在我国的制度框架下,重整计划的唯一执行人是债务人,尽管在重整程序开始后管理人也可能曾接管债务人的财产,但不影响债务人作为执行人。在重整计划被批准后，管理人曾接管债务人的财产的，必须向债务人办理移交手续。执行人不得将重整计划交由他人代为执行，必须亲自执行。我国适用重整制度的主体为法人，作为法人都有健全的组织机构，各机构在执行重整计划时应民主决策、各司其职、协调运作，保证计划执行的有效性。

2.重整计划执行的监督

为了贯彻重整计划的执行原则，保证重整计划的顺利执行，作为执行人的债务人，并不是自由地随意执行重整计划，必须在监督人的监督下执行。

（1）监督人。重整计划的执行，由管理人负责监督，所以管理人是重整计划执行的法定监督人。

（2）监督期。监督期是重整计划规定的监督人对重整执行人实施监督的期限，自法院批准重整计划之日计算，具体时间的长短在重整计划中明确。管理人认为必要时，可以请求法院裁定延长监督期限，经法院裁定后，监督期限为法院裁定的期限。

（3）监督期内债务人的报告义务。在监督期内，管理人监督重整计划的执行，债务人应当向管理人报告重整计划的执行情况和债务人的财务状况，以便管理人对重整计划的执行实施更有效的监督，并据以决定重整计划的继续执行或申请终止执行。

（4）监督人监督报告的提交。重整计划规定的或者法院裁定的监督期届满时，管理人应当依法向法院提交监督报告，说明债务人执行计划的情况。监督报告提交之日就是管理人监督职责终止之日。监督报告由管理人提交给法院后，重整计划的所有利害关系人都有权查阅。

（八）重整计划执行终止和完毕及其法律后果

1.重整计划执行终止及其法律后果

重整计划执行终止，是指在重整计划执行期间债务人不执行或不能执行重整计划，经管理人或利害关系人请求，法院裁定重整计划不再执行。它是重整失败的结果，会产生以下法律后果：①法院应当对债务人立即作出破产宣告，债务人因此成为破产人，进入破产清算程序；②债权人在重整计划中作出的债权调整的承诺失去效力，如债权人承诺减免部分债权的，该减免部分对债权人不再有约束力，债权恢复到原来的状态；③债权人在重整计划执行中所受的债权偿还仍然有效，未受清偿部分成为破产债权；④进入破产程序后，在重整计划执行期受到偿还的债权人，只有在其他同顺位的债权人的受偿达到其受偿的同一比例时，才能继续接受分配；⑤在重整计划执行期为重整计划执行提供的担保继续有效。

  2.重整计划执行完毕及其法律后果

  重整计划执行完毕是指在重整计划所确定的执行期内，通过重整实现了重整计划所确定的目标，完成了重整计划所确定的所有任务，达到了维持企业继续经营、恢复企业清偿能力的目的。它是重整成功的结果，其法律后果是：对于重整计划减免的债务，债务人不再承担清偿责任。

二、和解

（一）和解的概念和特征

  和解又称破产和解，是指当债务人出现破产原因或进入破产程序后，为了避免被破产清算，由债务人申请法院同意，与全体债权人或债权人会议协商，就债务的延期偿还或减免达成一致，从而终止破产程序的一种法律制度。和解具有以下特征：

  （1）和解以债务人向法院提出和解申请为前提。一般情况下，和解申请都必须由债务人提出，而且只能向法院提出。其他任何人提出和解申请都是无效的，但债务人与全体债权人自行和解的除外。

  （2）和解的成立以债权人会议特别决议通过为基础。债务人提出的和解协议草案必须经债权人会议表决通过，而且必须以特别决议方式通过，即由出席会议的有表决权的债权人过半数通过，并且其所代表的债权额占无财产担保债权总额的2/3以上。不能满足这两个条件，债权人会议的该决议就不能形成，和解也就不能成立。

  （3）债权人通过的和解协议必须经法院认可。和解协议虽然是双方的意思表示，但并非经债权人会议通过即生效，它必须经法院认可，才最终成立并生效。

  （4）和解有阻却破产宣告的效力。和解像重整一样，其效力优先于破产清算，所以和解一旦成立，破产程序即告中止。法院不得在和解成立后再对债务人作出破产宣告。

  （5）和解协议不具有强制执行力。和解协议是债务人与债权人达成的协议，所以其对债务人和债权人都具有约束力。但当债务人不履行和解协议时，债权人不能申请法院强制执行，而只能申请法院宣告债务人破产。

（二）破产和解的制度价值

与重整相比，和解并不主要为了债务人的再生，它对债务人的挽救是有限的，它只是在客观上为债务人提供了一个喘息的机会。和解是否成立，取决于债权人对自己利益的估算，只有债权人认为和解比通过破产清算能获得更大限度的满足，才会和债务人和解，否则，债权人不会与债务人和解，所以和解的主动权掌握在债权人手中。和解的价值功能体现在以下四个方面：

1. 有利于社会和经济秩序的稳定

经债务人申请，并经债权人会议讨论，给有挽救希望的债务人以再生的机会，对维护社会的稳定和正常的经济秩序具有重大意义。一旦和解成功，和解协议得到完个执行，使债务人获得再生，就会避免因破产清算而发生的各种消极后果，包括债务人倒闭、失业的增加、税收减少等。

2. 有利于债权人利益最大化

破产程序使债务人的财产进入静止状态，导致其价值贬损；破产清算主要通过拍卖变现债务人财产，使破产财产的价值进一步贬损；破产程序复杂，支出庞大并且优先支付，这样会使债权人获得偿还的物质基础减弱。所有这些破产带来的对债务人财产的不利因素最终都由债权人承担。所以，债权人通过破产清算获得偿还的债权数额少得可怜。通过和解，如果对债务人挽救成功，使债权人的债权获得最大限度的偿还，那么最大受益者将是债权人。

3. 有利于债务人再生并避免因破产宣告带来的公法和私法上的限制

和解客观上给债务人创造了一个再生的机会和条件，所以债务人有和解的原动力。和解会使债务人避免因破产宣告给其带来的一系列公法和私法上的限制，并且也会避免其商业信誉的完全丧失。

4. 同重整制度相比，和解制度成本较低

和解没有重整那种复杂的程序，也不需要管理人的介入。和解作为一种挽救程序，成本相对较低。

(三）破产和解的分类

我国《企业破产法》规定，和解分为破产程序开始前的和解与破产程序开始后的和解。

1. 破产程序开始前的和解

破产程序开始前的和解，是指未进入破产程序而直接根据当事人的申请开始的和解程序，即和解不是从破产程序转换而来。我国《企业破产法》规定，债务人出现破产原因，可以依法直接向人民法院申请和解。这种和解也称为分离和解或直接和解。这种和解除了债务人想获得再生外，还有避免债权人申请破产可能的目的。

2. 破产程序开始后的和解

破产程序开始后的和解，是指在破产程序开始后、破产宣告前根据债务人的申请而开始的和解程序。这种和解是在破产程序进行中发生的，由破产程序转换而来，分为两种：

（1）自行和解。自行和解是在破产程序中，债务人与全体债权人就债权、债务的处理自行达成协议而和解。这种和解的最大特点是债务人谋求和解的相对人不是债权人集体，而是各个债权人。债务人不需要提出一个总的和解协议草案，而是与各债权人个别协商，最后与所有的债权人分别就债权的处理达成协议，在申请法院裁定认可后和解即成立。这种和解有终结破产程序的效力。

（2）强制和解。强制和解，是指在破产程序中，债务人向法院提出和解申请，经法院裁定和解，债务人提出的和解协议草案经债权人会议通过并经法院认可而成立的和解。这种和解的特点是：和解申请必须向法院提出，和解协议草案必须针对债权人集体提出并经债权人会议通过。这种和解有中止破产程序的效力。所谓强制，是指这种和解并不需要每一个债权人的同意，而是由债权人会议以多数表决制度通过。这种和解实际上是债务人同债权人会议的和解，不是一对一的和解。即使是不同意和解的债权人，也受依法通过并经法院认可的和解协议的约束。从这个意义上讲，破产程序开始前的和解也是强制和解。这些和解都有别于民法上的和解。

(四）和解申请

和解同破产、重整一样，相当于"不告不理"，即必须有人申请，才可能开始和解这一程序。

1. 和解申请人

和解申请人，是指依法有资格向法院提出和解申请的主体。和解申请人不像破产申请人和重整申请人那样具有多主体性和多元性，破产申请人可以是债权人、债务人、清算人；重整申请人可以是债务人、债权人，也可以是适格的出资人。而和解申请人仅限于债务人，其他人都无权代替债务人申请和解。债务人申请可以在破产程序开始前，也可以在破产程序开始后、破产宣告前提出。

债务人向法院提出和解申请时，应提交和解申请书，并提交相关证据。申请书应载明申请人的基本情况、申请的事实和理由等。相关证据包括债务人的财产状况和经营状况说明、债务清册、债权清册、财务会计报告等，还应当同时向法院提交和解协议草案。

2. 审查、裁定及其效力

法院接到债务人和解申请后，应当对申请进行形式审查和实质审查。形式审查是审查申请人提供的申请书和证据材料以及和解协议草案是否齐备；实质审查首先审查债务人是否具备主体资格，即是否是企业法人；如果债务人是在破产程序开始前申请和解的，看其是否具备破产原因；如果是在破产程序开始后申请和解的，看其是否有符合破产法规定的挽救希望。

这里的审查是表面审查。经审查，法院认为申请符合破产法规定的，应裁定和解并予以公告。

裁定和解产生如下法律效力：

（1）法院裁定和解的，和解程序即为开始。

（2）如果是破产程序开始前申请和解，法院裁定后，债权人、债务人或其他人即不得再提出破产申请和重整申请；如果是在破产程序开始后申请和解，破产程序中止，进入和解程序。

（3）法院裁定和解的，自法院作出该裁定之日起对债务人的特定财产享有担保权的债权人可以行使权利。

3. 申请和解的条件

债务人申请和解的条件是其必须具备破产原因。这和申请重整不同，申请重整的条件除了具备破产原因外，在可能出现破产原因的情况下也可以申请重整。而申请和解只能在具备破产原因的情况下，即债务人不能清偿到期债务，并且资产不足以清偿债务或者明显缺乏清偿能力。

债务人在具备破产原因的情况下，可以直接申请和解，同时也可以申请破产清算或者申请重整。法律赋予债务人这种选择权。如果在破产程序中申请和解，毫无疑问是在具备破产原因的前提下申请。

（五）和解协议草案的通过、认可

1.和解协议草案及其通过

和解协议草案是债务人提出的说明和解意图及和解具体议案的文件，类似于债务人向债权人发出的要约。它的内容应当包括：债务人的财产状况，和解债权总额，清偿债务的方式、时间；债权调整的内容以及请求减免的债务数额、比例；执行和解协议的担保；等等。

和解协议草案必须在债权人会议上获得通过才能成为和解协议。《企业破产法》第九十六条规定，法院裁定和解，予以公告，并召集债权人会议，讨论通过和解协议草案。如果债务人直接申请和解，法院负责召集的第一次债权人会议就是讨论和解协议草案的会议；如果在破产程序中和解，法院应及时召集债权人会议讨论和解协议草案。债权人会议通过和解协议草案应当具备下列条件：①由出席债权人会议的有表决权的债权人过半数通过；②同意和解协议草案的债权人所代表的债权额占无财产担保债权总额的2/3以上。

2.法院对和解协议的认可及其效力

和解协议草案经债权人会议依照法定程序和条件通过后，该和解协议草案即成为和解协议，但其并不具有执行力，它还依法必须经法院裁定认可，才最终成立。债权人会议通过的和解协议经法院审查不属于裁定无效情形的，法院裁定认可。法院裁定认可和解协议产生以下法律效力：

（1）如果是在破产程序中和解的，债务人成为和解债务人，在法院受理破产申请时无财产担保债权的债权人成为和解债权人，该债权人享有的债权为和解债权。

（2）和解协议对债务人与和解债权人均产生约束力。

（3）法院裁定认可和解协议后，和解程序终止，开始和解协议执行程序。管理人应依法向债务人移交财产和营业事务，并向法院提交执行职务的报告。

（4）和解债权人没有依法申报债权的，在和解协议执行期间不得行使权利，在和解协议执行完毕后，可以按照和解协议规定的清偿条件行使权利。

（5）和解协议不影响和解债权人对债务人的保证人和其他连带债务人所享有的

权利。

3.和解协议草案未获通过与和解协议未获认可的法律后果

和解协议在债权人会议上经表决未获通过,或者同意草案的有表决权的债权人未过半数,或者同意草案的债权人所代表的债权额未达无财产担保债权总额的 1/2 以上,那么债权人会议不得再行表决,这时法院就应当裁定终止和解程序,恢复或开始破产程序并作出破产宣告。经债权人会议通过的和解协议,法院经审查认为不符合《企业破产法》的规定,也裁定终止和解程序并宣告债务人破产。法院不予认可的情形包括:①债务人和债权人恶意串通,损害国家、集体或他人利益而达成和解协议;②债权人或债务人附加不合理条件,强迫对方达成和解协议;③债权人或债务人乘人之危,强迫对方达成显失公平的和解协议;④债权人或债务人采用胁迫手段达成和解协议。

(六)和解协议违法、不执行或不能执行的法律后果

1.和解协议违法的法律后果

和解协议违法包括债务人实施欺诈行为,告知债权人会议虚假情况或隐瞒真实情况,诱使债权人会议作出错误的意思表示而通过和解协议,或者协议内容及通过程序违反法律、行政法规的强制性规定,或者损害公共利益及善良风俗,或者以合法形式掩盖非法目的,等等。对因这些情形之一而成立的和解协议,法院应依法裁定为无效,即自始就不发生约束力。裁定无效后,法院应即宣告债务人破产。

和解协议因违法被法院裁定无效后,和解债权人因执行和解协议所受的清偿,没有超过其他债权人所受清偿同等比例的范围,即没有发生和解债权人受偿不平等情况的,该受偿部分有效,不予返还;反之,超过部分应予返还。

2.债务人不执行或不能执行和解协议的法律后果

债务人不执行和解协议,是指债务人拒绝执行和解协议所确定的内容,或者不按照和解协议的约定清偿债务,以及清偿债务不符合和解协议规定的条件。债务人不能执行和解协议,是指债务人主观上有执行和解协议的积极性,但债务人本身的能力及其他客观条件的影响使协议执行没有可能性。不论是哪种情形,都会产生以下法律后果:

①经和解债权人申请,法院应当裁定终止和解协议的执行并宣告债务人破产;②和解债权人在和解协议执行程序中所受的清偿仍然有效,和解债权未受清偿部分作为破产债权;③受到偿还的和解债权人,只有在其他同顺位的债权人受偿同自己所受的偿

还达到同一比例时才能继续接受分配;④和解债权人在和解协议中所作出的债权调整的承诺失去效力,对该和解债权人不再具有约束力;⑤为和解协议的执行提供的担保继续有效。

(七)和解协议执行和执行完毕及其法律后果

1.和解协议执行

和解协议执行,是指债务人对和解协议内容的集体实施。和解协议成立后,严格执行和解协议是债务人的法定义务。《企业破产法》第一百零二条规定:"债务人应当按照和解协议规定的条件清偿债务。"所以,债务人应当按照和解协议规定的时间、地点、数额、方式等履行义务,向和解债权人清偿债务。

另外,和解债权人也应当严格遵守和解协议规定的义务。在债务人按照和解协议清偿债务时,债权人应当及时受领,同时不得向债务人主张和解协议规定之外的债权清偿。

2.和解协议执行完毕及其法律后果

和解协议执行完毕,是指和解协议规定的全部内容因债务人的执行而得以实现,债务人按照和解协议规定的条件清偿了和解协议规定的全部债务。和解协议执行完毕产生以下法律后果:①债务人所为的债务清偿全部有效;②自和解协议执行完毕时起,对于按照和解协议减免的债务,债务人不再承担清偿责任;③破产程序因和解协议执行完毕而终结。在和解期间与和解协议执行期间,破产的威胁对债务人来说还一直存在,只有在和解协议执行完毕后,破产的威胁才因破产程序的终结而最后消失。

第六节　破产宣告、破产清算及破产程序终结

一、破产宣告

（一）破产宣告的概念和特征

破产宣告，是指法院依照法定程序，对已经出现破产原因并具备破产条件的债务人所作出的宣告其为破产人的司法裁定。破产宣告是法院作出的一种司法行为，这种行为产生一系列的法律后果。破产宣告是破产程序的一个关键环节，使破产程序划分为两个性质完全不同的阶段。在法院作出破产宣告后，债务人既不能申请重整，也不能与债权人会议进行和解。它使债务人不可逆转地进入清算程序，是债务人无可挽回地陷入倒闭的标志。破产宣告有以下法律特征：

第一，破产宣告的适用对象是具备破产原因的债务人。破产宣告的适用对象应当具备两个基本要素：一是特定的主体，二是特定的事实状态。这里的特定就是指存在种种限制。从《企业破产法》的规定来看，特定主体即除非其他法律有规定，破产法一般适用的范围限于企业法人。对于事实状态的限制，首先表现为对破产原因设定的种种条件，如债务人不能清偿到期债务，并且全部财产不足以清偿全部债务或明显缺乏清偿能力；其次表现为某些例外情况的设置，如《企业破产法》第一百零八条规定的例外：第三人为债务人提供足额担保或者为债务人清偿全部到期债务的，或者债务人已清偿全部到期债务的，不予宣告破产。

第二，作出破产宣告的主体是法院。破产宣告是一种非同寻常的事实确认，对债务人的命运和债权人的利益都会产生重大影响，而且其结果具有不可逆转性，所以只有依法享有审判职能的法院才有权对债务人作出破产宣告。对于一般的民事纠纷，法院和仲裁机构都拥有裁决权；而对债务人的破产宣告，其裁判权专属于法院。

第三，破产宣告是破产程序的转折点。当今世界各国的破产法基本都否定破产程序的宣告开始主义，因此破产宣告必须是在破产申请经法院裁定受理以后，经历一系列程

序如债权申报、审查、核查、确认,以及召开债权人会议、成立债权人委员会等以后作出。特别是实行重整、和解等再建主义立法原则的情况下,破产宣告是重整、和解等拯救程序被彻底否定或无法达到目的的时候才适用的后备程序。破产宣告既不是破产程序的起点,也不是破产程序的终点,破产宣告以后要进行一整套破产清算程序。

第四,破产宣告产生一系列法律后果。破产宣告的作出意味着破产程序进入了以清算、分配为主的阶段,这一阶段的中心任务就是实现破产财产的变价和分配。为此,法律也对债务人、债务人财产进行拘束和处分,对债权人和其他利害关系人曾经受到拘束的权利进行释放并对其给予公平分配和满足,同时需要设立相应机构和程序来保证这些任务的实现。

(二)破产宣告的适用情形

破产宣告的适用情形为债务人具备破产原因,且拯救程序被否定。债务人具备破产原因,是作出破产宣告的基本依据。没有破产原因的事实存在,不得作出破产宣告。在破产宣告时对破产原因的认定,应以债务人当时的事实状态为准。

在债务人具备破产原因的前提下,有下列情形之一的,法院应当作出破产宣告。①破产程序开始后,没有人申请重整或和解。包括债务人向法院提出破产清算申请或债权人提出对债务人进行破产清算申请并经法院裁定受理后,以及企业已解散但未清算或未清算完毕出现破产原因,清算人向法院提出破产清算申请后,自始至终无人提出重整或和解而没有启动拯救程序。②重整程序开始后,重整计划草案未获债权人会议通过,且未获得法院批准。③重整程序开始后,已经债权人会议通过的重整计划草案未获得法院批准。④在重整期间债务人出现下列各种情形,并经管理人或利害关系人请求,法院终结重整程序:第一,债务人的经营状况和财产状况继续恶化,缺乏拯救的可能性;第二,债务人有欺诈、恶意减少财产或其他显著不利于债权人的行为;第三,由于债务人的行为管理人无法执行职务。⑤重整期间债务人或管理人未按期提出重整计划草案,被法院裁定终结重整程序。⑥重整计划获得通过并经批准后,债务人不能执行或者不执行,被法院裁定终止重整计划执行。⑦和解协议草案经债权人会议表决未获通过,或者债权人会议通过的和解协议未获法院认可,经法院裁定终结和解程序。⑧因债务人欺诈或其他违法行为成立的和解协议被法院裁定无效。⑨债务人不能执行或不执行和解协议,经和解债权人请求,法院裁定终止和解协议执行。

（三）不予宣告破产的情形

债务人具备破产原因，但有以下法律规定的特定事由的，不予宣告破产：①债务人在重整或和解期间，没有出现终结重整或和解程序情形的，重整程序与和解程序具有阻却破产宣告的效力；②在破产宣告前有证据证明不具备破产原因的；③在破产宣告前，第三人为债务人提供足额担保或者为债务人清偿全部到期债务的；④债务人已清偿全部到期债务的；⑤重整计划或和解协议执行完毕，导致破产程序终结的；⑥在破产宣告前某种情况的出现导致破产原因消灭的，如房地产价格暴涨，使债务人财产大幅增值，恢复清偿能力的；⑦在破产宣告前，债务人与全体债权人就债权、债务的处理自行达成协议，经法院裁定认可而终结破产程序的。

（四）破产宣告裁定的送达、通知与公告

破产宣告必须以书面裁定的方式作出。按照《企业破产法》第一百零七条的规定，应当自裁定作出之日起5日内送达债务人和管理人，并自裁定作出之日起10日内通知已知的债权人，并予以公告。从这一规定看出，对债务人和管理人必须采取送达的方式使其得知，这一方面表明破产宣告的严肃性，另一方面表明债务人的破产已成现实，清算程序正式开始，债务人和管理人因此承担相应的义务。通知是告知债权人可以开始行使有关权利并可以参加破产财产的分配。公告即警示潜在的债权人申报债权，参加破产程序。

（五）破产宣告的效力

破产宣告产生一系列的法律效力。

1.破产宣告对破产程序的效力

破产宣告使破产程序进入一个新阶段，即进入清算程序。在法院受理破产申请后至破产宣告前，债务人在管理人的监督下还可以继续生产经营。在破产宣告后，除有利于债权人的经营活动继续进行外，其他经营活动必须停止，只能进行单纯的清算活动。在破产宣告前，债务人还可以申请重整、和解或以其他方式避免破产清算，一旦法院作出破产宣告，破产程序即不可逆转地转入清算阶段，这时不能以任何方式退回到破产宣告以前的状态，而只能通过清算实现最终分配，债务人最终走向消亡。

2.破产宣告对债务人的效力

破产宣告对债务人产生身份上、财产上的一系列法律后果,包括:

(1)债务人被宣告破产后,债务人成为破产人。所谓破产人,就是权利受到破产程序拘束的人。其在破产宣告前为生产经营而存在,在破产宣告后只为偿还债务而暂时存在。在国外,破产人的迁徙自由、通信自由都受到限制,同时必须履行提交有关文件、账册、资料与随时向法院和管理人说明破产财产状况的义务,法院可随时传唤破产人作相关陈述并回答询问,拒不到庭的,可以适用拘传。破产人有欺诈行为、逃逸行为、伪证行为和其他妨碍破产程序违法行为的,法院可以对其实施拘禁。破产人在司法和公法上的权利受到限制,如其在一定期间内,不得担任公务员、律师、会计师、仲裁员、证券经纪人与公司董事、监事、经理等高级管理人员。

(2)债务人财产成为破产财产。破产宣告前债务人的财产是用于经营的财产,而因破产宣告成为破产财产后,即成为完全脱离债务人支配而归管理人占有、支配并用于破产分配的财产。有关破产财产的一切活动,都服从于破产清算的目的。破产财产作为一个财产集合体,受到破产法一系列规则的保护。

3.破产宣告对债权人的效力

在破产宣告前,所有的债务请求均处于冻结状态,破产宣告使债权人获得了行使债权的特别许可。《企业破产法》第一百零七条第2款规定:"法院受理破产申请时对债务人享有的债权称为破产债权。"破产债权可以依照破产程序的规定接受偿还。

别除权人因破产立案而被冻结的优先受偿权,在破产宣告后可以就破产人的特定财产行使优先权。行使优先权后未受清偿的部分作为普通债权参加破产财产的分配。别除权人放弃优先受偿权利的,其债权全部作为普通债权参加破产财产的分配。

二、破产清算

破产清算是在法院作出破产宣告后,由管理人实施的包括破产人债权债务的清理、破产财产的变价和分配等一系列法律行为的总称。关于实施破产清算的主体,《企业破产法》规定由管理人实施清算。《企业破产法》规定的实施清算的主体是:自法院受理破产申请之日指定的管理人在破产宣告时自然过渡而成为清算人。

（一）破产财产的变价

破产财产的变价，是指在破产清算程序中，为了便于财产分配，由管理人将破产财产中的非货币性财产以法定的拍卖方式或债权人会议决定的其他方式转变为货币财产的法律行为。各国的通例是，破产财产分配均以金钱分配为原则，以实物分配为例外。我国《企业破产法》第一百一十四条规定："破产财产的分配应当以货币分配方式进行。但是，债权人会议另有决议的除外。"

1.变价方案

《企业破产法》第一百一十一条规定，管理人应当及时拟订破产财产变价方案，提交债权人会议讨论。管理人应当按照债权人会议通过的或者债权人会议一次表决未通过、法院依法作出裁定的破产财产变价方案，适时变价出售破产财产。

按照这一规定，管理人是破产财产变价方案的编制人。管理人编制变价方案应当遵循公开、公平、公正原则。破产财产变价方案的编制和提交应当在破产债权被确认后进行。因为有了确定的债权人和债权额，才能保证方案通过。管理人编制的变价方案应当在债权人会议上经讨论通过，债权人会议以普通决议的方式表决通过。经一次表决未获通过的，由法院裁定。经债权人会议通过或法院裁定变价方案后，管理人适时变价出售财产。之所以规定"适时"，就是要贯彻破产财产价值最大化原则。

2.变价方式

《企业破产法》第一百一十二条第1款规定："变价出售破产财产应当通过拍卖进行。但是，债权人会议另有决议的除外。"

对于破产财产，依法可以整体变价出售，也可以部分变价出售。这是最大限度地实现其财产价值并降低成本的变价方式，同时也能更好地发挥财产的使用性能。在实施这种变价方式时，其中的无形财产可以单独变价出售，包括知识产权、非专利技术、商业秘密、企业名称及其他可以用货币估价并可依法转让的财产；其他财产也可单独变价出售。

按照拍卖法的规定，法律、法规禁止买卖的物品或者财产权利不得作为拍卖标的，如出土文物、枪支弹药、机密文件、机密技术资料等。限制转让的财产包括金银、麻醉品、必须经批准或者取得许可证才能出售的财产及特殊监管的物品等，这些财产一般应由国家指定的部门收购或办理相关手续购买。

（二）破产财产的分配

1. 破产财产分配的概念

破产财产分配，是指管理人将变价后的破产财产依照债权人会议通过的分配方案和法定分配顺序对全体破产债权人进行公平偿还的程序。这一程序的开始标志着清算程序的完成，它的结束也是破产程序终结的原因之一。破产财产分配的特征是：第一，破产财产分配是由管理人负责实施的。第二，破产财产分配以变价后的破产财产为标的；变价后的破产财产包括变现后的现金和因不能变现而需要折价分配的实物、债权和投资权益。第三，破产财产分配依照法定顺序并按照债权人会议通过、经法院认可的分配方案进行。

2. 破产财产分配的方式

《企业破产法》第一百一十六条、第一百一十七条、第一百一十八条规定，破产财产的分配方式包括以下两类：

（1）一次分配和多次分配。破产财产数量少且变现容易的，可以采用一次分配，分配完了，清算程序结束。破产财产数量多、种类复杂、变现难度大，或者有部分破产财产尚在追索中或处于诉讼、仲裁中，不能在短期内一次性完成分配，拖延时间又难以保全现有财产，甚至会造成财产损失的，可以实行多次分配，变现一批分配一批，追回一批分配一批，直到将所有破产财产分配完毕。

（2）中间分配和最后分配。多次分配有中间分配和最后分配之分。在有部分财产未变现的情况下，将已变现或者虽未变现但可以折价分配的破产财产对债权人进行的各次分配，为中间分配。中间分配可以是一次，也可以是多次。中间分配的完成不构成破产程序终结的原因。

在经过中间分配后，对债权人进行的最后一批财产的分配称为最后分配。最后分配的完成构成破产程序终结的原因。

3. 破产财产分配顺序

在破产程序中，不排除有的破产人的破产财产足以清偿全部破产债务，但绝大多数情况下破产财产是不足以清偿全部破产债务的，所以《企业破产法》将参与分配的债权依照一定的原则进行分类后加以排序，然后以全部破产财产按照该法定顺序进行偿还。几乎各国破产法都有破产财产分配顺序的规定，但如何排序，各国差异很大。

我国《企业破产法》规定的破产财产分配顺序是：破产财产优先清偿破产费用和共

益债务后,依照下列顺序清偿:①破产人所欠的职工工资和医疗、伤残补助、抚恤费用,所欠的应当划入职工个人账户的基本养老保险、基本医疗保险费用,以及法律、行政法规规定应当支付给职工的补偿金;②破产人欠缴的除前项规定以外的社会保险费用和破产人所欠税款;③普通破产债权。破产企业董事、监事和高级管理人员的工资按该企业职工的平均工资计算,在第一顺序支付。

破产财产分配顺序的执行规则是:①破产财产分配必须严格执行法定分配顺序;②破产财产未满足上一顺位的全部清偿要求时,不得开始下一顺位的清偿;③破产财产不能满足同一顺位的清偿要求时,按比例分配。

4.破产财产分配方案

破产财产分配方案是指载明破产财产分配事项的书面文件。分配方案由管理人拟订,债权人会议讨论通过并经法院裁定认可,最后由管理人执行。

分配方案必须列明的事项是:参加破产财产分配的债权人姓名、名称、住所;参加破产财产分配的债权额;可供分配的财产数额;分配的顺序、比例和数额;实施分配的方法;提存分配、多次分配和最后分配时提存额的处理;等等。

(1)提存分配。提存分配,是指在破产财产分配时管理人依法对未生效的债权、未决的债权和债权人未按时受领的分配额以提存方式对其进行的分配。实施提存分配的债权包括:第一,附条件的债权的分配额;第二,债权人未受领的破产财产分配额;第三,在破产财产分配时,因处于诉讼或仲裁过程中而未决的债权的分配额。

(2)多次分配。按照破产财产分配方案实施多次分配的,管理人应当公告每一次分配的财产额和债权额。

(3)最后分配时提存额的处理。第一,附生效条件的债权,在最后分配公告日条件仍未成就,或者附解除条件的债权条件已成就,应当将提存的分配额分配给其他债权人;反之,在最后分配公告日,生效条件已成就或解除条件未成就,应当将提存的分配额交付给该债权人。第二,债权人自最后分配公告日起满两个月仍不领取因未按时受领破产财产分配额而提存的财产,视为放弃权利,管理人或法院应将该分配额分配给其他债权人。第三,已被提存的未决债权的分配额,自破产程序终结之日起满2年仍不能领取的,法院应当将该分配额分配给其他债权人。

三、破产程序终结

（一）破产程序终结的概念和分类

破产程序终结又称破产程序终止，是指出现破产程序终结的原因，即破产程序预期目标已经实现或预期目标无法实现，由法院裁定结束破产程序。破产程序终结分为破产宣告前的终结、破产宣告时的终结和破产宣告后的终结三类。

1.破产宣告前的终结

破产宣告前破产程序因存在下列情形之一而宣告终结：①在破产宣告前有证据证明不具备破产原因的；②在破产宣告前，第三人为债务人提供足额担保或者为债务人清偿全部到期债务的；③债务人已清偿全部到期债务的；④因重整计划或和解协议的执行完毕导致破产程序终结的；⑤在破产宣告前因某种情况的出现导致破产原因的消灭的；⑥在破产宣告前，债务人与全体债权人就债权、债务的处理自行达成协议，经法院裁定认可而终结破产程序的。

2.破产宣告时的终结

《企业破产法》第四十三条第4款规定，债务人财产不足以清偿破产费用的，管理人应当提请人民法院终结破产程序。此种终结既是破产宣告时的终结，也可以是破产宣告前的终结。

3.破产宣告后的终结

《企业破产法》第一百二十条规定的终结情形就是破产宣告后的终结：①破产人无财产可供分配；②破产财产最后分配完毕。

（二）破产程序终结的法律后果

破产程序在破产宣告前终结的，债务人的法律人格继续存在，破产程序终结产生阻却破产宣告的效力，债务人重新恢复其主体地位。

破产程序在破产宣告时或破产宣告后终结的，债务人的法律人格归于消灭。管理人应当自破产程序终结之日起 10 日内，持法院的裁定向破产人的原登记机关办理注销登记。

破产程序终结后，破产人为法人的，其未清偿的债务全部免除；破产人为合伙企业的，对于其未清偿的债务，有限合伙人不再承担清偿责任，普通合伙人仍应承担无限连带责任。

破产程序终结后，管理人办理完企业注销登记的次日，其职务自行终止，对以后出现的与破产人有关的事务不再承担责任。但是与破产人有关的诉讼或仲裁尚未了结的，管理人继续履行职务。

破产程序终结后，破产人的保证人和其他连带债务人对债权人依照破产程序未受清偿的债权，依法继续承担清偿责任。

破产程序终结后的追加分配是指：因破产宣告时或破产宣告后的情形而终结破产程序后，又发现因破产人实施可撤销的或无效的处分财产的行为处分的财产，通过行使追回权将该处分财产追回，按照《企业破产法》的规定将该财产对债权人实施补充分配。追加分配的财产包括两类：一是破产人实施可撤销的或无效的处分财产的行为处分的被追回的财产；二是发现的破产人可供分配的其他财产，并且这些财产是在破产程序终结之日起的两年内发现的。追加分配由法院来执行，分配的依据是原来的破产财产分配方案。发现的财产不足以支付分配费用的，不再进行追加分配，该财产由法院上缴国库。

第三章　现代企业破产欺诈行为法律规制与风险防范

第一节　破产欺诈基础理论

一、欺诈含义解析

（一）欺诈释义

研习破产欺诈，首要需明确"欺诈"之含义。许慎的《说文解字》释云："诈，欺也。"《古汉语常用字字典》解释道："古代凡欺骗的意义都用诈，不用'骗'。"欺诈就是骗，是围绕作假达到谋取利益的目的。《现代汉语词典》中对欺诈的定义是："用狡诈的手段骗人。"古今中外，欺诈、骗术在社会生活中无处不在，有关遏制"欺诈"的立法亦早已有之。

在中国，三国时期的《魏律》以"诈伪"为篇名将其从秦汉贼律中分出。南北朝时先将这种行为改称为"诈欺"，后又将其恢复为"诈伪"，并为以后历代所沿袭。《晋书·刑法志》云，"背信藏巧谓之诈"，从盗律中分离出诈伪犯罪，将其独自成篇。诈即诈骗，伪即伪造。诈伪篇主要就是惩治诈骗和伪造的法律。中华法系之代表法典《唐律》中对诈伪的规定更为详尽，其将"诈伪"列为十二篇篇名之一，共二十七条。"伪"限于对皇权或政权产生直接危害的行为，如伪造皇帝玉玺及各级官印，伪造宫殿门符和发兵符等。"诈"涉及某些特定的欺骗行为，包括身份性欺骗和行为性欺骗。《唐律》还涉及欺诈未遂的规定。如诈为官文书罪规定："诸诈为官文书及增减者，杖一百；准所规避，徒罪以上，各加本罪二等；未施行，各减一等。"元朝的《大元通制》严格惩罚诈伪犯罪，凡是主谋伪造符宝及受财铸造者，皆处死刑。伪造制敕与伪造符宝同样治罪。在制书中妄加增减者，处死刑。伪造省府印信文字，但犯制敕者处死刑。伪造宝钞从首谋以至制造者和同情者，皆处死刑，并没收家产。至明代，"诈伪"又被列入刑律篇，《大明律》中对"诈为制书""伪造印信历日""伪造宝钞"等十二种行为进行了刑事制裁。中国封建社会最后一部法典《大清律例》中也专门规定了"诈伪"方面的惩罚，惩罚的行为包括"诈为制书""诈传召旨""对制上书诈不以实""伪造印信时宪书等""私铸铜钱""诈假官""诈称内使等官""近侍诈称私行""诈为瑞应""诈病死伤避事""诈教诱人犯法"等。

"欺诈"一词在西方的语言中与汉语意思基本一致。英语的 fraud 是从 fraudulenta 演化而来的，古罗马法学家拉贝奥（M. A. Labeo）认为诈欺的核心特征是有欺骗他人的意图，即指"一切为蒙蔽、误导、欺骗他人而采用的骗局、阴谋和诡计"。古罗马法学家乌尔比安（Domitius Ulpianus）在《民法大全》中同意拉贝奥的这一定义，但若有诈欺，虽然歪曲意思引人误解，而并没有造成实质性错误时，行为仍存在并不必然无效。同时，"诈欺之诉"被看成是一种严重的诉讼，它的结果会导致行为人被判罚不名誉，因此只有当其他法律补救措施无济于事时，当事人才可采用此种救济手段。

本书认为，结合前述"欺诈"的词源意义以及有关经典法律工具丛书对欺诈的界定，从法律角度来看，欺诈应当包括以下几层含义：第一，主观上存在恶意，是用主动积极的行动追求他人权益损失的后果；第二，表现形式多样，既可作为亦可不作为，可采用明示或默示的手段，可能是言词也可能是行动；第三，欺诈可能会发生行为人预期的效果，也可能仅是行为人希望他人受损的企图；第四，欺诈主要是民事侵权行为，符合一定条件，也能构成刑事犯罪。

（二）民事欺诈与刑事欺诈

1.民事欺诈

在民法基础理论体系中，民事欺诈一般可分为侵权法上的欺诈与法律行为制度中的欺诈。法律行为制度中的欺诈是在法律行为要件范畴讨论的问题，学理上通常把法律行为制度中的欺诈称为狭义的民事欺诈，广义上的民事欺诈还包括侵权法上的欺诈。现代民法中通常将二者严加区分，明晰该区别将会更好地确定破产欺诈的性质归属问题。

（1）法律行为制度中的欺诈。史尚宽先生认为，法律行为之一般成立要件有三——当事人、目的及意思表示。意思表示是法律行为成立的核心要件，若意思表示因他人的不正当干涉而非自由做出时,此为意思表示有瑕疵,将会影响法律行为的效力。因诈欺的意思表示是指依他人之欺骗行为陷入错误而为之的意思表示,诈欺是指使他人陷入错误的故意行为。法律行为制度中的欺诈就是指故意陈述虚假事实或隐瞒真实情况,使他人陷入错误而为意思表示的行为。各国民法一般都赋予此种情形下表意人的撤销权。如《法国民法典》第1116条规定:"如当事人一方不实施诈欺,他方当事人绝不缔约者,此种诈欺构成契约无效的原因。诈欺不得推定,应证明之。"《德国民法典》第123条第1款规定:"因受恶意诈欺或不法胁迫而做出意思表示的人,可以撤销该意思表示。"我国最高人民法院在相关司法解释中规定,欺诈行为的认定是指采用故意隐瞒事实情况或告知对方虚假情况,导致其进行错误意思表示。

法律行为制度中的欺诈涉及的问题主要是行为是否有效、能否撤销,并不要求有实际损害后果。恶意诈欺的构成并不以被欺诈人因该行为而遭受财产损害为条件。法律允许受欺诈人得以撤销行为,主要是为了保护当事人的决策自由。同时,诈欺人也不需要具备损害他人或获取他无权享有的财产利益的意图。法律行为制度中的欺诈,至少应包括以下三个构成要件:

①欺诈人实施了欺骗行为。此行为包括作为与不作为。作为如虚构、编造、变造事实,隐瞒真相;不作为如保持沉默,但只有依照法律法规、交易习惯、诚实信用原则等有告知必要时,行为人不履行告知义务才构成欺诈。②欺诈人是故意实施欺骗行为。此处故意包含两层含义:A.有使相对人陷入错误的故意。即对于自己行为的虚伪性有认识,且明悉自己的行为可能会使相对人陷入错误。若欠缺此种认识则不构成欺诈。若行为人不知道自己行为的虚伪,则构成错误而非欺诈。但行为人如果对自己的行为负有注意义务,则此种错误也可构成欺诈。B.行为人对相对人依其错误为一定意思表示有明确认识。③欺诈人的欺骗行为使相对人做出了错误意思表示。相对人因受骗而做出了不符合自己真实心理预期的行为,二者之间有因果关系。史尚宽先生认为:"民事上之诈欺,与刑事上之诈欺不同,无诈欺之未遂,惟有诈欺行为。他人不因而陷入错误时,不成立诈欺。"

(2)侵权法上的欺诈。早在罗马法中即已规定了欺诈侵权制度,优士丁尼(Flavius Petrus Sabbatius Iustinianus)在《法学阶梯》中指出:"实施恶意欺诈,导致某一些事情作成,也实施了不法侵害。"《法国民法典》第1151条规定:"不履行债务即使由于债务人的诈欺,关于债权人因不履行遭受现实的损害和丧失所获得的利益可受的赔偿,应以不履行契约直接发生者为限。"《德国民法典》在第823条第1项规定,对于侵权欺诈,行为人负有损害赔偿义务。

由于法律文化、历史传统的差异，在侵权欺诈的认定上英美法系国家同大陆法系国家不同。大陆法系国家比较注重抽象、归纳以及要件构成，而英美法系国家则更注重侵权欺诈行为的实际表现方式与行为类型列举。1677年英国颁布并施行的《防止欺诈与防止伪证法》中规定了惩治欺诈行为，但最终并没有形成独立的侵权类型，直到1789年的Pasely v. Freeman案中欺诈才被确立为一项独立侵权行为。普通法中"欺诈"的定义是在1889年的Derry v. peek案中确立的，英国贵族院在该案中认为"错误表述"并非欺诈，一项虚假陈述只有在明知或不相信其真实，或粗心地、疏忽地对待其真实的情况下才是欺诈。但很多学者认为此概念太过狭隘，将沉重的举证责任落在了原告身上。1967年的《虚假陈述法》对错误的表达概念进行了修改，认为就"欺骗和欺诈"的侵权行为而言，如一个人为了订立合同，尽管他本人主观表达是一种"无辜"状态，但只要进行某种与客观事实不符的陈述，就可以认为他进行的是虚假陈述，若由此发生损害，则由他来承担普通法上的赔偿责任。除非他能够证明在此期间直到合同订立时，都有充分的事实证明他的这种信任是有事实依据的。根据美国侵权法相关规定，侵权欺诈成立的要点在于：对有关事实意见或法律进行不当、虚假表达，目的是通过此种表达，使对方依据自己的意愿进行或不进行某种行为，若对方当事人基于合理信赖受到损失，则应当由不当或虚假表达人承担欺诈性法律责任。

结合上述各国对侵权欺诈的表述，本书认为，侵权法上的欺诈行为本质上是一种一般侵权行为，对该行为的规制强调追究欺诈人的损害赔偿责任。通常而言，构成侵权法上的欺诈应当具备的要件包括：①行为人是故意而非过失。②行为人的虚假陈述或欺骗隐瞒的行为表现为作为与不作为两种形式。③行为人的欺诈行为造成了被欺诈人的损失，且行为与结果之间存在因果关系。

（3）两种欺诈的比较。法律行为制度中的欺诈与侵权法上的欺诈均为民事欺诈，在构成要件上也比较相似。例如，二者在主观上均为故意，亦均实施了使他人陷入错误的虚假陈述或隐瞒行为。二者最主要的区别体现在法律后果上。法律行为制度中的欺诈，其目的是使他人陷入错误并因而为意思表示，若对方当事人因陷入错误认识而进行意思表示，并最终做出某种行为，即可构成欺诈行为，至于欺诈行为是否造成损害事实在所不问。即该制度并不考虑行为的损害后果及补救问题，此种欺诈并不一定产生民事责任。侵权法上的欺诈则不同，其以要求导致受欺诈人的实际损失为最终构成要件，这本身也是侵权法法理要求所致。侵权法主要用来保护各类权利或利益。因此，通常只有在造成实际损害的情况下，才认为符合侵权行为构成要件，也才有可能构成侵权法上的欺诈行为，欺诈人此时需要承担由于损害事实发生所应承担的法律责任。因此，构成法律行为制度中的欺诈，并不一定构成侵权法上的欺诈，两种欺诈具有不同含义。

2.刑事欺诈

中国在漫长的封建时代一直实行君主专制统治，政治高度集权，法律是维护皇权的工具。对欺诈犯罪行为的规制以伪造玉玺、官印、兵符及诈官等危及统治者利益、破坏统治秩序的政治性欺诈罪名为主，但对于涉及经济的欺诈性犯罪也予以重惩。为保证财政收入与社会稳定，自西汉以来的两千多年，国家均奉行以重农抑商为主导的经济政策，商人的社会地位低下。中国古代社会的经济模式是封闭、稳定与保守的小农经济，自给自足，国家对触犯经济秩序的犯罪历来给予严厉处罚，不仅予以行政与经济制裁，更多辅以刑事惩罚，如元朝在《大元通制》中对欺诈犯罪可处死刑。中国古代法律诸法合体、民刑不分，自然也没有区分民事欺诈与刑事欺诈，对欺诈的惩治多见于刑法，亦相当严厉。古代刑法的调控范围之所以十分偶然和随意，最主要有两个原因：第一，违法与犯罪没有清晰的界限划分；第二，在刑法理论上尚未将犯罪概念予以抽象，也没有犯罪构成理论的研究，罪刑法定原则不可能存在。反之，古代刑法所体现的是罪刑擅断。虽然进入 21 世纪以来，我国现代社会已初步建成系统的法律体制，并不断地加以完善，但法律文化传统对于一国后世法律的影响仍有显现，至今我国对经济欺诈犯罪的惩处也相当严厉。在我国刑法中，经济诈骗犯罪主要是指规定在破坏社会主义市场经济秩序罪中的产品欺诈、证券欺诈、税收欺诈、广告欺诈、投资欺诈、知识产权欺诈、金融诈骗等。有学者认为，我国的经济欺诈犯罪可根据行为人的主观目的不同分为两类：一类强调"以非法占有为目的"的主观心理状态，即普通的诈骗犯罪；另一类是以谋取非法经济利益为目的的欺诈行为，如非法吸收公众存款罪、高利转贷罪等。

普通法中最早只规定了盗窃罪而无欺诈罪，欺诈罪的独立出现与商品经济的发展、财产流通日益频繁分不开。1892 年，《加拿大刑事法典》第 394 条第一次规定了"共谋欺诈罪"，该法典在第 9 章、10 章、12 章中分别规定了若干以欺诈手段构成的犯罪。英国《1968 年盗窃罪法》与《1978 年盗窃罪法》规定了几种典型的诈骗罪。《1968 年盗窃罪法》第 15 条规定："怀有永久性剥夺他人财产的故意，通过欺诈不诚实地取得他人财产的，应当经公诉程序判罪，处以不超过 10 年的监禁……本条所说'欺诈'，是指对事实或法律而言，行为人之言行具有欺骗性（无论是故意的还是轻率的在所不论），包括对诈欺行为人或者其他任何人来说均具有现实的欺诈意义。"美国刑法中的诈骗罪和英国刑法中的诈骗罪类似,指怀着欺骗心态以捏造虚假事实的方式取得他人财产。美国各州对诈骗罪的规定虽不一致,但是多数州都认为构成本罪要求行为人必须怀着明知或者欺骗的心态,实施了通过对于过去或者现在事实的虚假陈述骗取他人财物的行为,并因此而取得他人财物的所有权。大陆法系各国刑法对诈骗罪的构成要件描述繁简不一,规定比较完整的如《瑞士联邦刑法典》,规定较为简单的则以《德国刑法典》为代表。

二、破产欺诈行为概念界定

(一)破产欺诈及其法律规制历史沿革考据

破产法关注经济主体在退市之时的信用问题,其特殊性在于债务人要在现有破产财产的范围内,通过破产程序偿还所有债权人的债务,要做到公平、正义、平等、效率。但由于利益驱动,债务人很有可能通过隐瞒财产状况来减少破产财产范围,利用破产程序来逃避应有债务。"有破产就有欺诈",破产法从一开始就被赋予了反欺诈的使命。由古罗马裁判官鲁第里奥·鲁佛引进的"财产拍卖"(财产兖卖)制度,是当债权人希望这样做时或者因债务人缺席或逃跑而使人身执行不可能时,通过对债务人财产实行成批拍卖而作为对债务人欺诈性转移财产和逃避债务的制约。该制度将程序面对债务人的全部债权人展开,且有将拍卖价金在多数债权人之间分配的功能设计。

从各国早期的破产法中列举的破产原因及适用条件可以看出,破产法的适用主要是针对破产欺诈行为。英国1542年制定了第一部破产法律,但只有在债务人有欺诈行为时才可以适用;1570年颁布了《破产成文法》,破产对象仅适用于商人,条件仍限于债务人有逃避清偿债务或欺诈债权人的情况。根据该法,破产人被破产委员会监禁,带上枷锁公开示众,甚至会被割掉耳朵。英国1705年颁布了《防止破产人频繁诈欺法案》,1732年破产法的全称即为《防止破产人欺诈法》。在美国,1898年的破产法中列举的破产行为包括"为迟延债务、诈欺债权人而将财产转让、移转或隐匿;债务人无力清偿全部债务时,而将财产之一部或全部移转给关系较好的债权人……"等欺诈行为。法国在1673年颁布了《商事敕令》,其中对欺诈破产行为及后果、欺诈破产死刑的适用均有明确规定;1807年的《法国商法典》中全面规定了商事破产制度,对欺诈行为无效、欺诈破产行为及其后果予以明确规定。德国在15—16世纪建立了有关破产财团诉讼制度，针对破产欺诈规定了破产撤销权。该制度的目的在于防止破产财产减少，严禁破产债务人转移和隐藏财产、实行破产欺诈，维护债权人的合法权益。其中1794年的《普鲁士邦法》对意思表示设有较为详细的规则，明确规定了欺诈行为的构成、效力。

（二）破产欺诈行为内涵及法律属性解析

"破产欺诈"作为一个单独的法律术语并未在各国破产法中给予概念界定，但"欺诈"一词的出现频率很高，在英美国家破产法中均有直接体现。《英国破产法》专门规定了"欺诈、诈骗等罪"，涉及法条包括第206条、207条、213条等。《美国破产法》第548条规定了"欺诈性的财产转让和债务承担"。在大陆法系国家，欺诈主要是在民法的民事法律行为制度范畴中进行研究。根据民法欺诈基本原理与相关破产法律规定，一般破产欺诈行为的外部表现为故意损害债权人的利益，引起无效或可撤销的法律后果。如《德国破产法》第129条规定了因破产而提出撤销的原则是，要求该行为损害破产债权人利益且发生在支付不能程序前。破产欺诈罪在很多国家的破产法或刑法典中都有明确表述，如《法国商法典》中规定了"欺诈破产罪及其他违法行为"，《日本破产法》第265条规定了"破产诈骗罪"。我国《企业破产法》没有出现破产欺诈的字眼，但在第三十一条规定了五种可撤销的破产欺诈行为，第三十二条规定了可撤销的个别清偿行为，第三十三条规定了无效的破产欺诈行为。在刑法中，《中华人民共和国刑法修正案（六）》里增加了"虚假破产罪"的罪名。破产欺诈犯罪是严重的破产欺诈行为，而破产欺诈行为的范围十分广泛，包括在破产程序开始前后的损害破产债权人利益及破产财产的所有行为。

我国学者从不同的角度对破产欺诈予以界定、解读。综合关于破产欺诈含义、概念界定的相关著述可知，破产欺诈的概念具有如下一些基本特质和构成因素：

第一，对破产欺诈，多是从民法中有关民事法律行为构成出发对概念进行界定。在行为性质方面将此类行为归入侵权行为。

第二，对破产欺诈行为表现方面的认识趋于统一，大都将虚构、捏造虚假情况或隐瞒事实真相等作为破产欺诈的重要行为类别，在此基础上附加兜底性表述，即可能存在的其他欺诈性手段。

第三，在行为后果方面，目前学界认识略有分歧，有学者强调破产欺诈行为后果应当是损害债权人利益甚至社会公共利益;也有学者强调只要造成破产财产实际减少或下落不明即可能构成破产欺诈。

第四,在行为主体方面,大都将破产欺诈行为主体限定为破产程序或破产程序开始前后可能陷入支付不能的债务人。同时亦有部分学者针对我国破产法适用对象仅为企业,提出破产欺诈行为主体应限定为各类企业、公司及其内部直接责任人员。

本书认为,破产欺诈就其行为性质而言,是民事欺诈的一种。其表现形式一般可分为两种:一种是非法行为,欺诈人采用隐瞒、欺骗的手段,私下转移、隐藏财产,捏造债务或私分破产财产;一种是表面合法的行为,如提前清偿未到期的债务,以明显不合理低价转移财产或采用无偿转让、赠与财产等合法方式掩盖非法目的的行为。破产欺诈的核心就是违反诚实信用原则、违反破产程序要求,采用各种手段减少债务人财产、损害债权人利益的行为。结合前文对民事欺诈法律行为制度中的欺诈与侵权法上的欺诈的分析,破产欺诈更符合侵权法上欺诈的属性,理由如下:

第一,从意思表示的角度分析。法律行为制度中的欺诈,被欺诈人的错误意思表示为其核心要件。允许其撤销意思表示的基础在于被欺诈人的意思表示是由于欺诈人的故意隐瞒、欺骗而做出,不符合被欺诈人真实的内心愿望。换言之,该制度需要有双方当事人共同的行为要件才能构成,一方有欺诈意图,另一方受骗上当。而破产欺诈与之不同,一些破产欺诈行为如破产债务人向第三人无偿或以明显不合理的低价转让财产或财产权利,或与第三人合谋虚构债务、不合理增加债务负担等,多发生在破产债务人和第三人之间。此种情形之下,破产债权人的利益明显受到破产欺诈行为的影响,但债权人本身并不知情,亦没有做出错误意思表示的机会。而侵权法上的欺诈并不一定以被欺诈者的意思表示为判定标准,更多的是从欺诈行为人的角度来考量,欺诈人单方行为或其与第三人的共谋就可产生侵权后果。

第二,从有无损害后果要求的角度分析。在法律行为制度中,欺诈的构成并不以被欺诈人因该行为而遭受财产损害为条件,只是要求其陷入过错且做出了错误意思表示。侵权法上的欺诈则不然,其必须以被欺诈人的损失为要件,且欺诈行为与损害后果之间要存在因果关系。破产欺诈亦是如此,破产债务人无论采用何种方式欺诈性转移财产,均会给破产债权人的利益带来损害。破产财产的减少甚至灭失会使破产债权人的合法权益受损,欺诈人的欺诈行为给被欺诈人带来了财产损失的后果。

总之,之所以要对破产欺诈行为予以法律规制,并不是单纯地对该行为法律效力的判定,更重要的是通过法律手段给合法权益受损的被欺诈人以应有的赔偿,制裁不遵守法定程序与交易规则的欺诈人,维护良好有序的经济秩序与市场环境。因此,损害后果的赔偿问题是破产欺诈研究的题中应有之义。本书认为,破产欺诈是民事欺诈的一种,本质上属于侵权法上的特殊欺诈行为。具体而言,破产欺诈就是行为人违反破产程序及法律规定,采用虚构事实、隐瞒真相等方式导致破产财产减少或破产财产负担增加,将损失转嫁给破产债权人的逃债行为。

(三) 破产欺诈行为的特征及构成要件

1.破产欺诈行为的特征

(1) 主体范围广。破产欺诈是一种受破产法规制的特殊侵权行为,行为主体范围比较广,包括所有实施了危害债权人和其他相关人利益的行为人。

第一,破产债务人。破产债务人的范围受到破产法对人的适用范围的限制,具体又体现为各国对债务人破产能力的规定。破产能力是指债务人能够适用破产程序解决债务清偿问题的资格,也就是民事主体可以被宣告破产的资格。对于自然人的破产能力,各国破产立法存在商人破产主义与一般破产主义两种形式。商人破产主义形成于中世纪的意大利沿海商业城市,该主义坚持在债务人不能清偿债务时,只对从事商事活动即以营利为目的的商人适用破产程序,对一般人适用民事强制执行。但随着现代社会商人概念的扩展以及全面调整债务关系的需要,商人破产主义已不再适用,传统上适用的国家亦已将此原则改变为一般破产主义。一般破产主义即只要不能清偿债务,均可适用破产法进行还债或重整而不论是自然人、法人、其他组织,是商人还是非商人。对于法人的破产能力,多数国家是根据本国实际情况依法人的不同属性来加以确定的。通常对除了公法人外其他法人的破产能力予以承认,对个别法人的破产能力则根据具体情况予以限制或排除。我国《企业破产法》规定的适用范围是将具有破产能力的限于企业法人,包括国有企业法人与承担有限责任的其他企业法人。对于"非法人企业"与"社会组织",该法第一百三十五条明确规定:"其他法律规定企业法人以外的组织的清算,属于破产清算的,参照适用本法规定的程序。"结合《合伙企业法》,合伙企业的破产也应当适用该破产法的规定。

第二,破产债权人。通常而言,债权人是破产欺诈的受害方。但破产程序会涉及众多债权人,若债权人与债务人共谋实施妨害破产程序的行为,如恶意串通后由债务人对其进行偏颇性清偿,则该损害其他债权人的利益的个别破产债权人也是破产欺诈人。

第三，破产管理人。破产管理人在各国称谓不同，主要是指在破产的不同阶段破产事务管理者的统称。在清算、重整等破产程序中，管理人拥有控制、管理债务人营业和财产等多项重要职权，其履职失当将给债权人及利害关系人造成严重损失。如果破产管理人与债务人串通，管理人帮助债务人逃债，或者管理人自行侵占破产财产，都会极大地侵害债权人利益。因此，各国破产法都明确规定了破产管理人的义务职责，要求其在履行管理职能时遵守相应规范，若有违反则应承担责任。英美法系国家把这一义务视为信托义务，大陆法系国家称之为注意义务。根据《英国破产法》第212条规定，管理人若在履职期间违反任何信托或其他义务，法院可经有权主体申请检查其行为，强令他承担责任。在日本，破产管理人在执行职务期间，禁止个人与破产企业的任何交易，包括介绍第三人与破产企业交易。

第四，破产公司的董事、监事、高级管理人员、股东及雇员。此类主体或者是公司的实际掌控者，操纵公司的运行，或者与公司利益有密切关联。为避免公司破产损害到自身利益，他们亦可能产生实施破产欺诈行为的动机。如《英国破产法》第213条、214条、216条分别是针对董事和官员的惩罚，即"欺诈性贸易""不当交易"及"对于重新使用公司名字的限制"。该法特别强调了公司董事应对其与公司的不正当交易和欺诈交易承担个人民事赔偿与刑事责任。《美国破产法》关于破产欺诈主体的规定相当广泛，包括个人债务人、公司官员、经理、股票持有人、雇员或其他代理人，也可以是合伙人、受托人和债权人、法院执行官，还包括其他任何与破产案件有联系的人。

第五，其他实施破产欺诈行为的主体。破产欺诈行为往往是债务人与第三人通谋实施的，如无偿转让或以明显不合理的价格转让财产，对原来没有财产担保的债务提供财产担保，甚至破产企业的某些行为是为了利用破产法中破产还债之后余债可免除的规定，或者希望利用国家的一些优惠政策而实施的，往往还在企业所在地的政府官员的支持下进行。对于这些行为主体，其明知自己的行为会侵害债权人的合法权益还继续实施的，也应承担该欺诈行为的相应法律后果。

（2）行为必须在特定期间内发生。破产欺诈之所以是特殊的侵权行为，重要原因之一在于其发生的时间特定——破产程序开始前后。破产程序开始之前的破产欺诈多表现为偏颇性交易或欺诈性交易，前者如针对特定债权人的优于其他债权人的先期清偿，后者如债务人无偿转让、赠与、放弃债权、低价出售等。针对此类破产欺诈行为，各国破产法规定了破产临界期或嫌疑期制度。此制度的核心目的是保护债权人利益不受损害，而推翻破产债务人在破产宣告前一定期间内作为当事一方参加的交易，或涉及在债务人的财产中具有某种效力的以往交易。这是通过限制破产管理人主张撤销在破产程序开始之前可撤销行为的期间来达成的。破产管理人无权对债务人在破产以前进行的全部交易和行为提出异议，仅限于对发生在法律规定的临界期内的有损债权人利益的行为，才可以提出撤销申请。

破产程序的开始时间各国规定不一，相应的临界期的起点也不尽相同，大致有债务人停止支付后一段时间、破产申请前一段时间、法院受理破产案件前一段时间以及法院做出破产宣告前一段时间这四个时间段。具体的时间长度，各国破产法也有不同规定。大多数国家根据行为的种类与危害性的不同规定了不同的临界期，期限随着行为危害程度的增加而提高。如《法国破产法》规定了法庭可以撤销在停止支付之日之前的六个月内债务人的任何无偿转让动产或不动产的行为；《德国破产法》规定了债务人于破产申请前四年的无偿给付行为可被撤销。我国《企业破产法》第三十一条规定了人民法院受理破产申请前一年内，涉及债务人的如无偿转让财产、以明显不合理的价格进行交易等五种行为的，管理人有权请求人民法院予以撤销。对于性质特别严重的破产欺诈行为，一些国家没有规定临界期。如《日本破产法》规定，在破产程序开始以后，破产人明知损害破产债权人利益而进行的行为，破产财团可以否认。我国《企业破产法》在第三十三条对某些破产无效行为进行了规定。

破产程序开始之后的破产欺诈行为，主要是指债务人违反破产法的规定所实施的对破产财产的无效处分和违反法定说明和提交义务的行为，以及破产管理人等其他主体通过欺诈手段损害债权人利益的行为。例如，我国《企业破产法》规定，为逃避债务而隐匿、转移财产的，是无效的破产欺诈行为。该种行为无论发生于何时均为无效。另外，破产程序开始后，债务人应当履行信息披露义务，如实回答债权人的提问以便其更好地掌握破产财产情况。但如果债务人不如实回答债权人对财产情况的询问，隐瞒财产去向，故意不在财务报表上记载或不真实记载，就会造成破产财产情况不明，直接影响债权人的利益。各国破产法一般都规定了破产程序开始后债务人行为的无效和可撤销。例如，《德国破产法》第147条就规定了债务人的处分行为发生于破产程序开始以后，并且依据本法第81条为无效，可依照关于破产程序开始前作出的法律行为的规定提出撤销。《美国破产法》第549条规定，破产托管人能够撤销未经《美国破产法》和破产法院授权的破产程序开始后对破产财团财产的转让行为。

（3）损害后果严重。损害后果是侵权行为的构成要件之一。破产法的目的是保障在债务人丧失清偿能力时债权人的债权得到公平的清偿，合法权益受到保护，而破产欺诈严重扰乱市场经济秩序，会给债权人的利益造成极大的损害。破产制度中有一个重要的制度是破产免责，在人类社会发展的早期，对清偿不能的债务人处罚十分严厉，经过了一个从人身执行为主到财产执行为主的发展历程。破产免责制度是随着人权观念的发展而诞生的，其含义是破产债务人按照法律规定的破产程序完成债务清偿之后，剩余债务得以免除。这意味着其与债权人的债务关系终止，债权人的原有债权随着债务人的破产而化为乌有。该制度体现了法律对破产债务人的保护，将其从负债累累的状况中解救出来，以开始新的发展，这本身就是对债务人的救济，债权人的应有利益实际上已然受损。如果再出现破产债务人欺诈性转让、偏颇性清偿等破产欺诈行为，则债权人的利益将没有丝毫保障，最终会导致债权人不敢向债务人提供信用，直至整个社会的信用体系崩溃。

另外，一个企业陷于倒闭，若不及时宣告破产，遏阻其扩大损害，势必拖累与其有依赖关系的多数企业，形成骨牌般的连锁倒闭，招致失业等动荡不安的严重社会问题。同样，企业破产的影响亦会涉及方方面面，包括本企业与职工、债权人、股东、其他企业及相关人员等。破产欺诈行为的损害后果不仅是对单个债权人利益的损害，还会对社会整体经济的有序运行带来严重影响。因此，必须要加强对此类行为的有效法律规制。

2.破产欺诈行为的构成要件

破产欺诈行为是侵权行为的一种，其构成要件应与侵权行为构成要件一致。关于侵权行为的构成要件，有"损害事实、因果关系、过错"三要件说，以及"行为的违法性、损害事实、因果关系、过错"四要件说。有学者指出，侵权行为最基本的因素，是行为。构成侵权行为责任的行为，须为违法，也就是造成损害后果的行为必须具有违法性。本书采用四要件说。具体到破产欺诈行为，其构成要件应当包括行为人欺诈行为违法、欺诈行为给债权人造成了损害、损害事实与欺诈行为之间存在因果关系、行为人主观上有过错。

（1）行为人欺诈行为的违法性。欺诈就是骗，是为获取利益而作假。关于欺诈的含义，前文已有分析，此不赘言。从行为违法性的角度来看，欺诈是典型的违法行为。对于违法的认定，一些学者认为，狭义的违法就是违反法律的禁止性规定，广义的违法还应包括违反善良风俗、公共秩序。因此，侵权行为的违法性构成应包括三种情形：①权利的侵害；②保护法律规定的违反；③违背良俗的故意加害。破产欺诈所违的"法"应指广义上的法律，其违法性主要体现在以下几个方面：

第一，违反了法律对权利保护的规定。《德国破产法》规定了破产程序的目的是使债务人的债权人共同得到清偿。我国《企业破产法》第一条规定立法目的是"公平清理债权债务，保护债权人和债务人的合法权益"。而破产欺诈中的偏颇性清偿会破坏债权人的公平受偿权，欺诈性转让会使破产财产不当减少，损害债权人的利益。各国破产法中均规定了债务人必须遵循的义务，若违反相应义务，就是对债权人权利的侵害。

第二，违反了法律保护权利的原则性规定。法律基本原则的作用在于：从事法律规范时指示方向的标准，依凭其固有的信服力，可以使法律性的决定正当化。但是，法律原则不一定由法条直接宣示，部分法律原则明确规定于宪法或其他法律中，有些则可从法律规定中借助"整体类推"或回归法律理由的办法推求出来。在破产欺诈行为违法性认定过程中，如果没有法律对具体权利的明确规定，也可以通过其是否违背了法律规定的基本原则加以判断。如《中华人民共和国民法通则》中规定的诚实信用原则、公序良俗原则等。

（2）欺诈行为造成了损害后果。损害后果是指被侵权人一方因他人的加害行为或者物的内在危险的实现而遭受的人身、精神或财产方面的不利后果。侵权行为的成立要以造成现实损害为必要条件，破产欺诈针对破产财产损失而言，只涉及经济利益，并不包括破产债权人的人身损害、精神损失等。破产财产损失包括直接损失与间接损失。直接损失就是欺诈行为给被欺诈人带来的直接利益减少，如原本可能获得清偿的债权由于欺诈行为而归于灭失，债权人利益受损。间接损失是指若无欺诈行为，被欺诈人必将可得利益的减少。间接损失的特征有二：其一，在被侵权人受到侵害时，该财产权益尚未存在；其二，在通常情况下，如果被侵权人不受到损害，这一财产上的权益是必然或者极其有可能得到的。就破产欺诈而言，破产财产的减少使债权人的债权得不到清偿，债权人自身企业资金链正常运转受到影响，进而可能导致企业发展不畅。另外，如前文所述，相较于一般欺诈行为，破产欺诈的损害后果更为严重。尤其是涉及公司、企业，受害者往往并不仅仅是各个债权人，而是包括企业职工、股东等群体的利益，甚至会影响社会的稳定。因此，破产欺诈的损害后果不容小觑。

（3）欺诈行为与损害事实之间存在因果关系。因果关系是侵权法上的重要问题，学说众多，甚为复杂。大陆法系国家因果关系的主要理论包括条件说、原因说、相当因果关系说、客观归属理论、疫学因果关系说、盖然性因果关系说、间接反证说等。英美法系国家侵权责任法上因果关系的理论包括法律上的因果关系理论、事实上的因果关系理论以及近因说。诸多因果关系理论中，相当因果关系说支持者较多，其与英美法系国家的法律因果关系说思路较为一致，本书也持此种观点。

相当因果关系说在1880年首先由德国学者冯·克里斯（Von Kires）提出，他认为相当因果关系应符合两个要件：其一，该事件为损害发生不可或缺的条件；其二，该事件增加了损害发生的可能性。也就是说，若行为自身存在引起损害结果发生的可能性，且行为真的造成了损害结果，则行为与结果之间有因果关系。以破产欺诈中的偏颇性清偿为例：破产债务人在破产宣告以前对某些债权人进行财产转让，使得该债权人获得了比通过破产财产分配更多的受偿份额。对其他的债权人而言，破产财产的减少必将会对其按正常破产程序获得清偿的债权产生影响。破产欺诈行为导致被欺诈人权益受损的后果。

因果关系的认定关系到破产欺诈行为的责任追究，只有确定了破产欺诈与损害结果的因果关系，才能认定欺诈行为侵害了被欺诈人的合法权益，也才能对欺诈人进行法律责任追究。因此，如何证明因果关系成立、证明责任由谁来承担是一个重要问题。证明责任是指诉讼主体对自己提出的主张提供证据加以证明的责任，若不能举证则承担对己不利的法律后果。就一般原则而言，应由请求损害赔偿的当事人负举证责任。在破产程序中，该责任由破产管理人来承担。如《美国破产法》第547条和第548条规定了偏颇性清偿与欺诈性转让的证明责任由托管人承担。

（4）行为人主观上是故意。破产欺诈行为对行为人主观上的要求是故意，不同于一般侵权行为的过错要求。过错包括故意与过失。故意是指一种有计划、有预见的做某事的意图。此种意图之下设计的行为、想要达到的目的是行为人早就预料到的，意图在行为之前产生，且伴随着行为始终存在。过失强调的是行为人没有尽到注意义务，内心并无追求危害结果发生的积极态度。破产欺诈行为在主观上是典型的故意，行为人明知自己的欺诈行为或者会骗取被欺诈人放弃或减少自己的权益，或者会直接导致破产财产的减少或丧失，但为了自己或第三人的利益仍然实施该种行为，具有直接追求或间接放任他人合法权益受损的主观心理态度。破产欺诈中的故意也可看成是一种"恶意"，是以一种蓄意或故意去实施违法行为。就某种程度而言，破产欺诈是一种"恶意损害"：造成损害的违法行为是行为人故意实施的，或者所造成的损害是行为人所从事的其他犯罪行为的必然结果，或者行为人应当预见到其所从事的违法行为会造成该结果，或对行为造成该损害结果具有放任态度。

明确了破产欺诈要求行为人主观上有故意，那么应当采用何种标准来认定此种故意？这个问题要回归到侵权法上"过错"的判断标准上来。通常认为，过错的判断标准有"主观说""客观说""折中说"等。主观说根据行为人的主观心理状态来确定其有无过错。客观说强调过错与违法行为之间的关系能否为一般理性人所认知。折中说即为二者结合,是否有过错主要应当考虑行为人是否达到了法律、行政法规、操作规章等的要求以及一个理性人在当时当地条件下所做出的合理反应,只是适当考虑行为人自身的情况。

本书认为,破产欺诈行为人主观故意的认定,应当采用折中说为妥。首先,破产欺诈是违法行为,违背了破产法律法规的一系列要求,是对被欺诈人合法权益的非法侵害。破产债务人因为丧失债务清偿能力,提出破产申请,此行为本身并不会产生欺诈逃债的后果,规范的破产程序可以防止破产欺诈行为的发生。破产债务人在破产程序开始前后,应当遵循法律规定履行自己的职责。若有相反行为,则从主观心态而言即已存在故意。其次,"理性人"不是一个具有崇高觉悟的社会先进分子,也不是受过特别高级教育的知识分子或者掌握特别技能的技术人员,他也不是道德水平低下、缺乏一般教育、没有任何谋生技能的人。他代表了其所处的社会的一般道德水平、一般教育程度等"一般性"的特征。对破产欺诈而言,判断欺诈人的行为就要看其是否和"理性人"在同时同地面对相同情况时做出的处理相一致,若其未能达到"理性人"所能做到的标准,则认为欺诈人有过错。而作为一个社会的公民,在民事活动中应诚实守信,最起码要遵守社会基本的道德准则与行为规范。最后,主观和客观需要结合与折中,通过客观行为来判断主观心态才能更好地判断行为人是否有欺诈的故意,是否应承担相应的法律责任。

(四)破产欺诈的民事不法与刑事不法

欺诈行为应当结合法律行为制度、侵权制度以及刑事法律制度共同进行规制。破产欺诈是一种民事欺诈行为,我国《企业破产法》规定了具体的表现形式,即第三十一条的五种可撤销破产欺诈行为,第三十二条的优惠性清偿可撤销行为,第三十三条的两种无效的破产欺诈行为,第三十六条的私分财产无效行为。针对破产欺诈的刑事不法,我国刑法规定的罪名主要有妨害清算罪与虚假破产罪。

对于民事不法与刑事不法的区分,理论界有不同的观点。德国哲学家康德(Immanuel Kant)和英国法学家布莱克斯通(William Blackstone)是从行为侵犯的对象或者权利来对二者进行区分的,康德认为:"任何人违反公共法律,做了一个公民不该做的事情,就构成犯罪……如接受委托做买卖而在金钱上或货物上贪污、投机,在贸易或出售货物中弄虚作假,如果这些是当着受害人的面实施的,属于犯了私法罪。另一情况是,铸造伪币或者伪造交换证券、盗窃、抢劫等属于犯了公法罪,因为受到危害的不仅仅是一些个别的人,还有共同体。"我国学者陈灿平借鉴上述观点提出了刑民不法的区分标准"客体区分说",即民法不法的本质是侵犯私权,而刑法不法的本质是侵犯刑法规范法益,前者的行为客体主要是私益,后者的行为客体主要涉及公益。对于民事不法与刑事不法之间的区分标准,我国学者于改之教授提出了"严重脱逸社会相当性"理论,即指行为脱逸社会相当性(违法性)的程度,达到了值得科处刑法程度的质与量的违法性。"量"是指行为不仅构成违法,而且由于受害法益重要或侵害的法益的行为态样脱逸社会相当性的程度严重,从而达到了值得刑罚处罚的程度。"质"是指行为虽在"量"上未达到值得刑罚处罚的程度,但其违法的内容与实质已达到了值得刑罚处罚的程度。我国《企业破产法》所规定的破产欺诈行为中,只规定了"质"而没有涉及"量",即只要破产债务人实施法律所禁止的行为就构成破产欺诈行为。对破产欺诈的民事责任,《企业破产法》第一百二十八条规定:"债务人的法定代表人和其他直接责任人员依法承担赔偿责任"。我国刑法对犯罪行为的惩治既包括行为"质"的规定,也包括行为"量"的规定。对于民事不法与刑事不法的区分,理论界的传统观点认为,数额或者情节是区分的最重要的标准之一。对于破产欺诈行为,要求"严重损害债权人或其他人利益"的,构成虚假破产罪。也就是说,在我国,民事的破产欺诈与刑事的虚假破产的区分在于是否"严重"损害债权人或其他人利益。这里对于"严重"的标准尚无法律予以明确,有学者认为,"严重"的标准可以参照最高人民检察院、公安部《关于经济犯罪案件追诉标准的规定》中对于"妨害清算罪"的数额规定,即"造成债权人或者其他人直接经济损失数额在十万元以上的,应予追诉"。

第二节　破产欺诈行为法律规制的价值功能

一、破产欺诈行为产生诱因分析

"资不抵债、宣告破产"意味着债务人债务清偿能力的丧失。古罗马时期,对于欠债不还的债务人采用人身和财产双重执行的原则,财产被分光,债务人被卖作奴隶,甚至处死。随着社会的发展,尤其是处死债务人对债权人而言无法获得任何利益,公元前326年,罗马参议院颁布了《帕特利亚法案》,禁止因欠债将罗马平民处死或者贩卖为奴隶,在债务清偿上开始将对人的执行逐步转化为对财产的执行。此后又逐步建立了总括拍卖制度、个别出卖程序以及委任制度,破产法制开始建立、完善。破产法发展到今天,破产惩戒主义、债务人不免责早已成为过去,破产被视为市场经济生活中的一种正常现象。对于诚实的破产债务人,在符合法律规定的条件下可以不再履行其无力清偿的债务,破产债务人可以抛开包袱、重新生活。破产免责主义已经成为大多数国家认可的原则,这也是现代破产法的基本特征之一。现代破产制度通过免责保护债务人,通过公平受偿保护债权人,因此"诚实信用"原则在破产法中就显得尤为重要。对债务人而言,破产制度体现了人权思想,在"欠债还钱"这一放之四海而皆准的基本理念之下,允许债务人将现有财产按比例清偿所负债务,不至于倾家荡产、永无出头之日。对债权人而言,债务人破产意味着债权无法全部实现,事实上正当权益已经遭受了损害,若在此前提下对债务人的破产欺诈行为不进行任何法律规制,对债权人无疑是不公平的。而破产制度所保护的债务人未必都是诚实的,为何会出现破产欺诈,怎样规制破产欺诈行为,是世界各国破产法考虑的重要内容。与其他各种欺诈行为类似,破产欺诈的成因亦十分复杂,既有社会经济方面的刺激,又有信用体系不健全的诱惑,而已有的某些法律制度也成了破产欺诈行为的诱因之一。

(一)破产欺诈的社会经济诱因

亚当·斯密(Adam Smith)在其著作《国富论》中提到:"我们期望的晚餐并非来

自屠夫、酿酒师和面包师的恩惠，而是来自他们对自身利益的关切。我们不是向他们乞求仁慈，而是诉诸他们的自利心；我们从来不向他们谈论自己的需要，而只是谈论对他们的好处。"这段话被认为是"理性经济人"观点的肇始，随着西方经济学不断发展充实，"理性经济人"成为经济学的一项基本假设，即假定人都是利己的，以自身利益最大化为目标，在面对两种以上选择时，总会选择对自己更为有利的方案。将此种假设放在破产案件中，即在面对即将破产的境况时，要么选择遵循破产程序，公平偿付债务；要么选择采用偏颇性清偿、欺诈性转让等保全自身财产的手段。用博弈论的方法可以解释欺诈的产生原因。如果只考虑短期利益，即只注重一次性博弈，那行为人极有可能选择失信，用欺骗来赚取别人的信任所带来的收益而不需要付出相应成本；但若注重长期利益，即多次重复博弈，就会选择讲求诚信。因为有一个长远利益的存在，所以博弈双方在当前阶段的博弈中，要保证不能引起其他博弈方在后面阶段的对抗、报复、恶性竞争。破产意味着债务人已有的法律关系被全部清算，破产人是法人时，破产将使其丧失继续从事商事活动的经济基础与经营资格，并导致民事主体资格消灭；破产人是自然人的，破产更关系到其个人生活，而且自破产宣告之后，破产人的人身、财产方面的权利也会受到限制。因此，为了追求自身利益最大化，在预期收益会大于成本的权衡之下，易发生破产欺诈。

破产是市场经济中不可避免的法律现象。市场经济的突出优势在于可以优化资源配置，但产生于其中的消极因素也不能忽略，这些消极因素可以说是破产欺诈行为产生的直接诱因。市场经济主体追求的目标是利益最大化，社会对利益追求的过分强调，会对市场经济主体的行为模式产生影响，有时会使之偏离正当轨道。同时，利益最大化也是对利己主义与个人本位思想的刺激，市场经济主体为了在竞争中取得优势、战胜对手，往往会采用种种欺诈手段，其目的归根到底都是维护自身利益。在破产欺诈中，行为人不论采用何种方式，该行为的实质内容与目的均一致，即逃避债务，损害债权人利益，使债权人的债权得不到清偿，最终使自身损失最小化。

（二）破产欺诈的信用体系缺失诱因

市场经济主体应具有信用的品格，这是市场经济的内在必然要求，只有这样，市场经济才能得以健康发展。所谓信用，就是指对一个人（自然人和法人）履行义务的能力尤其是偿债能力的一种社会评价。现代市场社会中，商品生产和商品交换活动高度发达,而商品交换双方的给付行为与对待给付行为之间存在时间差,这使得所期待的对待给付处于不确定状态。因此,商品活动在带来巨额利润的同时也蕴含着巨大风险,信用的地位变得越来越重要。信用和风险成反比,信用越高、风险越小,信用可使将来的对待给付行为变得更加可以预期、更为确定。一个完善的市场经济机制首要的是建立一个完善的市场信用法律机制。但在我国社会主义市场经济体系的建立和完善过程中,社会信用体系的建设极不健全,在经济生活中各类欺诈频发,诚实守信的企业在竞争中往往会败下阵来,甚至举步维艰,难以得到很好的发展。反之,欺诈者却经常以极小的代价获得高额利润,这无疑是对诚信者的打击、对欺诈者的鼓励。

在破产领域中,信用显得更加重要。有人认为,在当今世界上,破产法已经成为一个国家、一个社会信用法制状况优劣的标志。企业破产结束,意味着其退出市场,与债权人的债权债务关系也告终。债权人的债权即便尚未得到全部清偿,甚至可能因此引发自身破产,也只能将其视为应当承担的市场风险,没有其他途径可以弥补。但是,如果债务人失信,实施破产欺诈行为,人为地将自身利益损失转嫁于债权人,不仅侵害了债权人的合法权益,更是对整个社会信用体制的破坏,进而会对社会经济的正常有序运行带来消极影响。市场经济比较发达的国家均十分重视社会信用体系建设,特别是尽力完善相关法律制度。但在我国,信用法律体系建设相对滞后,且破产法本身也几乎没有对当事人失信的行为规定制裁。而如果没有一种守信与失信的利益奖罚机制的制衡,就会使失信者获利和守信者吃亏的现象普遍化。可以说从某种角度而言,社会信用体系不健全是破产欺诈行为产生的重要根源。

(三)破产欺诈的法律制度诱因

商品经济是信用交易,而债务超时无从回避,破产难以避免。破产法的理念为何?有维护交易安全说、共同担保说、共同损害说、损失分担说等。本书不就此展开讨论,但要明确的是,考虑到综合效益,破产法的理念不能也不该是单一的价值。德国法学家赫克(Philipp Heck)指出,法律不仅是一个逻辑结构,而且是各种利益的平衡。他认为:"法律是所有法的共同社会中物质的、国民的、宗教的和伦理的各种利益相互对立、谋求承认而斗争的成果。在这样一种认识之中,存在着利益法学的核心,立法者绝不是幽灵,他的使命是概括地表述作为原因的利益的记号。"因此,现代社会的破产法更多考虑的是债权人与债务人的利益平衡问题。各国破产法对债务人保护的规定不一、制度各异,相应地也出现了不同表现的破产欺诈行为。但总体而言,破产欺诈行为的共性大于其差异。本书认为,下列法律制度是破产欺诈行为的诱因,规制破产欺诈应当注重相关制度的完善。

1. 股东财产有限责任制度

此制度在控制投资人风险、促进公司融资方面功不可没,但正因为是以公司资产来偿还债务,不涉及以个人财产承担责任的问题,股东可能会以转移公司财产、逃避债务的方式来损害债权人利益。有限责任制度下公司人格独立,往往会被股东特别是董事利用作为欺诈和规避法律责任的工具。

2. 破产管理人制度

管理人是破产程序中最为重要的机构之一,专门负责实施对债务人财产的管理、清理、处分、变价、分配等。对于管理人的选任,有法院指定与债权人会议选任等不同模式,但不论在何种模式下,法院与债权人会议对破产管理人依法执行职务的具体行为均不能参与。破产管理人利用管理和处分财产的机会滥用权力,或自利交易,或与他人合谋,损害破产债权人权益的行为也是破产欺诈的重要表现之一。

3. 豁免财产制度

该制度是法律允许债务人保留一部分财产不用于破产清偿,以保障债务人生活所必需的制度。不仅限于适用在债务人破产的情境下,也适用于对债务人破产外的强制执行。在一些实行豁免财产制度的国家,破产欺诈行为之一就是破产债务人在申请破产之前将非豁免财产转化为豁免财产,破产财产的减少无疑会损害债权人利益。

4. 破产免责制度

该制度一般只适用于自然人破产的情况,本意是通过允许债务人在破产程序终结之后不必对未清偿债务继续清偿,将其从深陷"债务泥沼"的困境中解救出来,获得重生。但是,很多债务人却利用此制度的人性关怀来进行破产欺诈。如在破产程序开始之前,将财产无偿转让、低价出售给自己的亲友,或将财产隐匿,或暂时转移给他人。破产免责权利的滥用,会给债权人带来巨大损失,进而影响社会整体利益。

二、破产欺诈法律规制价值功能评析

破产是商品经济发展的必然产物,市场经济是竞争经济,优胜劣汰是其客观规律,不以人的意志为转移。破产制度一方面能够及时妥善解决企业严重亏损、不能按期偿还债务的问题,另一方面可以通过债权人公平受偿,维护其合法权益。而破产欺诈行为直接损害债权人利益,破坏社会经济秩序,必须运用法律手段加以有效规制。

(一)对破产欺诈进行法律规制符合市场经济的内在要求

市场经济不是一般的商品经济,而是市场机制对资源配置起基础性作用的商品经济,是高度发达的商品经济。"一手交钱、一手交货"这种简单商品经济模式之下的交易方式不适用于市场经济,常见模式应为货、款交换不同步,先付款后交货或者后付款先交货。市场经济社会要求交易各方彼此充分信赖,每个主体都要预设对方不会做损人利己的事,以使交易顺利进行,这意味着市场经济条件下,任何一个经济活动的主体都必须遵循诚实信用原则行事。从经济学的角度看,诚实信用可以普遍减少交易费用,公平行事、没有欺诈能够提高交易量,减少交易中的外部费用,取得双方互利的效果。

学者们对诚实信用原则的含义有不同看法,本书认为,诚实信用原则体现了非常强烈的道德意味。诚实信用,在拉丁文中的符号表现是 bona fides。fides 原为"已经做成"之意,西塞罗(Marcus Tullius Cicero)从词源学上将其解释为"行其所言谓之信",相当于中文中的"言必信,行必果"。bona 之意为"好",在这里是"有效"的意思,起强化 fides 的作用,两者组合为"良信",人们通常惯用为"诚信"。诚信的反义词是 malus fides,通常被翻译成"恶意"。中世纪教会法学者理解的诚信的反义是恶意诈欺。许多学者认为罗马法中的一般恶意诈欺抗辩是现代的诚实信用的来源。亚当·斯密"理性经济人"的观点,是假定人都是利己主义者,如假设生产者追求利益最大化,不考虑任何其他道德、责任的因素。其在著作《道德情操论》中是以"社会人"作为假设前提的,而"社会人"是比"经济人"更接近人的本质、人类社会发展要求的角色。亚当·斯密指出:"个人绝不应当把自己看得比任何人更为重要,以致为了私利而伤害或损害他人,即使前者的利益比后者的伤害或损害大得多。"不同于《国富论》中的"无形之手",亚当·斯密在《道德情操论》中阐释了另一只"无形之手"——道德。他指出,这只手根源于人类发展的历史,我们每个人都是社会人,无时无刻不与其他人发生关系,不可能孤立于社会而单独存在。本质上,只有集体生存,个体才能生存,只有集体发展,个体才能得到发展。在人类社会演进的过程中,逐渐地形成了一只无形的手,这只手总是推动着个体向有利于集体发展的方向前进。顺从这只手,个体便能够在集体中得以生存和发展;违背这只手,必将招致痛苦和毁灭。破产是市场经济优胜劣汰的最好反映,竞争者以这种方式宣告了自己的失败。破产欺诈的直接目的就是逃避债务,对此类行为的法律规制契合诚实信用原则的要求,也是市场经济这一信用经济、法治经济的内在需要。诚实信用原则不仅涉及当事人之间的利益关系,还关乎当事人和社会之间的利益关系。对于前者,诚实信用原则要求尊重他人利益,要以对待自己利益的态度去关注他人,"己所不欲,勿施于人",不得损人利己,从而保证债权人的公平受偿权。对于后者,要求当事人在法定权限内以符合社会经济目的的方式行事,否则,侵害债权人的合法利益进而会破坏市场经济的信用体系,最终会对整个社会利益造成损害。

(二)对破产欺诈进行法律规制是对债权人利益保护诉求的满足

市场经济中的商品交换需求是信用交易产生的内在推动力,如果没有可以先交货后付款的信用交易,市场经济无法持续发展。而交易各方在经济往来中形成的借贷关系,在法律上称为"债"。只有保障货、款交换不同步,先付款后交货或者后付款先交货这一市场经济条件下的常态交易模式的安全运行,交易各方当事人的合法正当权益能够维护,债权债务关系顺利实现,社会经济才能平稳迅速发展。如果没有破产法,那么当出现资不抵债的情况时,众多的债权人将无法得到公平有序的清偿,可能出现"先到先得",或债务人选择性清偿的问题。债权人的正当利益得不到维护,又没有有效的救济途径,则有引起其自力救济的危险。每个债权人都想尽快解决自己的问题,维护自己的权益,但若不借助于法律帮助,则往往会出现只要能够抵债就不择手段的情形,极有可能危害到债务人的人身及财产安全。此时,混乱的局面导致商品交换无法正常进行,债务关系不能顺利实现,进而影响社会信用及经济秩序。为了避免这一现象的发生,人们制定了破产法,运用法律手段来公平解决债务关系,使之得以实现。

早期的破产法或破产制度,其核心目标就是保护债权人的利益。古罗马的破产法理论认为,债的效力使债权人与债务人身体发生密切联系。因此,债务人不能履行时,债权人当然就可以拘束他、监禁他,直至出卖、杀死他。对破产人的惩罚除了财产处分、人身处分之外,还包括给予破产人丧廉耻的处分。丧廉耻者无选举权和被选举权,也不得服兵役，其诉讼权利亦受到限制，除为家属和恩主外，不得代他人进行诉讼，亦不得请他人代自己进行。到了中世纪，欧洲多数国家破产法的立法目的仍以保护债权人为宗旨，少有考虑债务人利益，对债务人不免责，实行破产惩戒主义。直到19世纪，法律才开始逐渐重视对债务人利益的保护。现在，破产作为市场经济中的一种正常法律现象已为人们所认可，对诚实的破产债务人，法律也保护其合法权益，即符合法定条件免除其无力清偿部分的债务，让债务人能够摆脱负债困扰重新开始，继续参与社会经济生活。同时，破产法也为那些事业尚有挽救希望的债务人提供了通过强制性和解或重整程序避免破产的救济途径。总之，现代社会破产法是对债权人和债务人利益的双重保护。但对于不诚信的债务人，救济与免责制度并不适用。

  破产法之所以有悖"欠债还钱"这一市场经济基本准则，允许债务人对债权人"欠债不还"有很多原因，但不管是早期的古罗马委付制度还是现代的允许消费者破产，都是对诚实、不幸的债务人的保护。法律和制度并不允许债务人利用破产程序或法律规定的漏洞恶意地欠债不还，损害债权人的合法利益。现代各国破产法对于任何形式的破产欺诈行为均持否定态度，对于破产犯罪，更是坚决惩处。

（三）对破产欺诈进行法律规制彰显了实质正义的经济法价值

  经济法的价值就是指其规范和调整所追求的目标，实质正义是经济法极为重要的价值之一。正义的实现是法律的根本目的，被认为是社会制度的首要价值，其内涵随着社会、经济的进步而不断发展变化。正义有形式正义和实质正义之分，形式正义要求同等的人应当受到同样的对待，而实质正义强调针对不同的人和不同的情况予以不同的法律调整。实质正义关注的是社会范围内的实质性、社会性的正义和公平，是一种追求大多数社会成员福祉的正义观。经济法所调整的社会关系既不同于民法所调整的市民社会中平等主体间所形成的具有私法自治性质的社会关系，又区别于公法所调整的政治国家领域中主体间所形成的具有隶属性质的社会关系。经济法重视经济主体之间的差异，要求具体平等，通过对经济主体的部分财产进行再分配以实现经济领域的社会公平，提倡社会正义，维护社会公共利益。在经济法中，无论是有关经济管理、经济活动还是维护公平竞争的规范和制度，都要求主体的行为既符合法律规范本身的规定，且行为结果也不违背该规范内在的精神和合理预期，处处体现符合实质正义的价值。经济法的实质正义体现在公平观上，看重结果公平。

学者们对于经济法的基本原则的观点各不相同。有人认为，经济法基本原则包括资源优化配置原则、国家适度干预原则、社会本位原则、经济民主原则、经济公平原则、经济效益原则、可持续发展原则。有人认为，经济法有三大基本原则，即平衡协调原则、维护公平竞争原则以及责权利（效）相统一原则。还有人认为，经济法的基本原则最核心的内涵便是：注重维护社会经济总体效益，兼顾社会各方经济利益公平。这一经济法基本原则也可以更简要地表述为：社会总体经济效益优先，兼顾社会各方利益公平。

经济法的基本原则反映了其精神与价值，在经济法的立法与具体适用中都必须遵循。无论学者对经济法的基本原则有怎样不同的认知与表述，对"公平"的肯定与强调是一致的。不论是经济法的各项制度的制定，还是具体的执法与司法过程，均须考虑市场主体的公平竞争。政府的经济管理和市场操作要公平，市场主体之间的交易往来更要公平。但是，个人权利本位思想通常孤立地强调社会个体意志和利益，忽视甚至背离社会整体的意志和利益；往往片面强调权利、自由，却对组织团体、国家和社会承担的责任避而不谈。在社会化条件下，是经济法以其兼容并蓄的精神，消弭了个体追求私人利益产生的种种流弊，促进社会在竞争的基础上团结合作。

就破产而言，若将其看成孤立事件，债权人的债权无法获得全额清偿，财产直接受损，意味着经济效益降低、竞争力下降，甚至可能会由于资金链的断裂导致自身破产。而宣告破产的债务人，却可将以往的债务包袱全部抛开，获得重整旗鼓、重新出发的机会。但在市场经济环境下审视这一问题，在激烈的竞争中破产是正常现象，而在债务人丧失清偿能力的情况下，则要考虑防止债权人哄抢债务人财产、无序争夺的情形出现，对全部债权人给予公平清偿，这就是破产法需要解决的问题。可以说，破产法是保障债务关系公平并最终实现的有效途径。破产案件中出现的种种欺诈行为，不但规避法律，妨害破产程序顺利进行，侵害债权人利益，更会破坏社会信用体系，增加交易成本，最终影响社会经济的正常有序发展。这无疑与经济法的理念背道而驰，是追求实质正义、结果公平的经济法体系所不能容忍的，因此必须对破产欺诈行为进行法律规制。

第三节　破产欺诈行为类型化分析

一、我国破产欺诈行为实践表现

《企业破产法》比较关注对破产欺诈行为的规制。例如，在第三十一条规定了可撤销的破产欺诈行为，第三十三条规定了无效的破产欺诈行为。并在法律责任部分增加了民事责任追究，即对债务人有第三十一条、三十二条、三十三条规定的行为，损害债权人利益的，债务人的法定代表人和其他直接责任人员依法承担赔偿责任。但是，破产欺诈行为仍不能说是已经得到了有效遏制。具体而言，我国实践中发生的破产欺诈行为主要有以下一些表现形式。

（一）隐匿、转移财产或以抽逃资产、逃避债务的方式重组企业

为尽量减少向债权人清偿的债务数额，企业往往会隐匿、转移企业财产或财产性权利。这种破产欺诈行为属于损害债权人利益的典型行为，其行为主观层面存在逃避债务清偿义务的故意，以逃避、减少应清偿的债务数额为目的，行为客观表现为企业通过多种方式进行财产转移或隐匿财产，至于行为最终结果则表现为债权人债权担保的财产明显减少。尤其是我国《企业破产法（试行）》中相关法律规定不合理，致使个别企业主管部门甚至与企业合谋，共同进行损害债权人利益的行为。实践中，很多企业采用"先分后破""新老企业划断"的方式来逃避债务、减少损失。其具体行为方式主要表现为债务人不当剥离企业优良、有效的营业资产，或者将其下属的分支机构、业务部门、骨干人员进行变动，另行成立一个或数个新的法人企业，用几乎成为空壳的老企业来承担债务，进行破产清偿。在我国经济转轨的某段特殊时期内，甚至有人主张认为，在申请破产前为尽量减少破产企业的损失，应当将那些即将陷入破产境地企业中尚存价值的资产全部或部分进行分离。这种行为无异于教唆欺诈行为，将破产企业的损失转嫁到债权人身上，实际上形成了抽逃资产、逃避债务的后果。

（二）无偿转让、低价出售财产

无偿转让就是把破产财产以不支付对价的方式转让给第三人，而不将其用来破产清偿，如赠与行为。低价出售一般是指以明显偏离或低于市场价值的价格进行交易。在破产实践中，有企业在进入破产宣告程序后，为实现减少债务清偿或变相抽逃资金的目的，通常会采用多种手段或方式，以明显偏低的价格对企业财产进行交易或处置。其交易对象多为与之有关联的特殊关系企业或个人，为实现欺诈性财产转移目的，当同样的财产或财产性权利有他人主张交易时，或不予出售，或为出售附加其他不合理的苛刻条件。而且在破产实践中为实现低价出售目的，债务人多会试图将企业财产进行整体出售，导致破产企业的财产整体出售后，往往破产程序尚未结束，而破产企业已经更名重新经营。

（三）特定时间内的提前清偿债务或放弃到期债权

一般而言，提前清偿债务或放弃到期债权是企业的自主经营选择，但当企业资不抵债、即将破产之时，此种行为会使得最终的破产财产减少。在破产清算程序中，涉及破产财产的变价与分配。破产财产的分配是按照法定顺序并经合法程序确定的破产方案来进行的，是将变价后的财产公平清偿给全体破产债权人的程序。破产财产不是简单的对全体债权人的平均分配，而是要贯彻顺序、比例原则。根据《企业破产法》的规定，破产财产分配之时，在前一顺序的债权得到全额清偿之前，后面顺序的债权不予分配。同一顺序的债权不能得到全部清偿时，按照各债权的比例进行分配。也就是说，企业可供分配的财产越少，破产债权人的权益受损就越严重。正是基于上述原因，我国破产法一贯重点规制一定期限内债务人放弃到期债权或提前清偿债务的行为。只是在《企业破产法（试行）》中，这两种行为若在法定期间内发生，会被认定为无效行为，而《企业破产法》则将此类行为纳入可撤销行为范畴进行法律规制。

（四）不当设置抵押，非法提供担保

物的担保优于人的担保，在债务人不履行债务时，债权人可以根据《担保法》的规定，以抵押、质押、留置的财产折价或以拍卖、变卖担保财产的价款优先受偿。实践中，破产企业经常利用此项规定来规避对全体债权人的公平清偿。例如，《企业破产法》规定，在人民法院受理破产申请前一年内，对于原来没有财产担保的债务提供财产担保的行为是可撤销行为。实践中债务人会采用下列方法实施破产欺诈,如债务人将其全部或大部分资产抵押给某一个或某几个债权人,待法律规定的特定禁止时间过后再向法院申请破产,甚至采用伪造担保合同日期的方式规避可撤销期间;债务人与债权人串通,将原已设立的保证人担保改为财产担保;破产企业在经营状况尚未出现问题时,在与其上级公司或关联公司设置抵押权时,将抵押物高值低评,并对所负债务进行全额担保。当企业资不抵债时,双方或是协议以物抵债,或是由另一关联公司将抵押物低价买去,抵押权人未得到清偿的部分还可以作为普通债权与其他债权人共同获得清偿等。

(五)资不抵债时将有效财产对外投资,以安置职工为名来逃避债务

一些破产企业会采用将有效财产对外投资的方式来逃避债务。破产企业对其进行的投资会采用种种方式欺瞒掩盖,而被投资企业是一个独立法人,拥有独立的法人财产权。同时,子公司还会承担一部分破产企业的职工安置任务。因此,母公司破产时,母公司在子公司的股权往往不被执行或无法执行。一些企业在申请破产之前,会将企业的大部分或全部财产折价以"安置费"的形式支付给职工,将本应属于债权人的清偿财产归于破产企业职工所有。无论从法律规定角度抑或政府政策考量,此类情形下债权人的合法权益均得不到有效保障。

(六)擅自扩大破产法优先清偿范围或不当缩小破产财产范围

《企业破产法(试行)》规定了破产财产的清偿顺序,破产企业所欠职工工资和劳动保险费用是优先清偿序列的第一位。因此,为实现减少、逃避应清偿债务数额的目的,有破产企业将例如职工就业安置费用、离退休职工可能应予支付的退休金都列入所谓第一清偿序列中,尤其是其数额、比例明显超出破产企业本应承担的范围。还有些破产企业则是通过各种直接或间接手段缩小破产财产的范围,实现逃避或减少应清偿债务数额的目的。如将破产企业对外联营投资等长期投资不作为破产财产分配,对破产企业所收的职工入股资金、依合同应用于补偿企业亏损的风险抵押金等不作为破产财产分配,对破产企业投资建设或购买的职工宿舍、文体或福利设施等不作为破产财产分配,等等。

(七)破产管理人违反法定义务的破产欺诈行为

《企业破产法(试行)》规定了清算组制度,其成员由人民法院进行指定,清算组

成员多来自政府财政部门或企业上级主管部门等。由此，对清算组及其成员的违法失职、侵权损害等行为，难以及时、适当地追究其法律责任。《企业破产法》用破产管理人制度取代清算组制度，但不论是清算组还是管理人，均从事管理破产财产的活动，亦均有违反义务进行破产欺诈、侵害债权人利益的可能。尤其该角色比起债务人的破产欺诈，从隐蔽性或方便程度而言都更胜一筹。例如，破产管理人可以利用职权进行对己有利的交易，或串通他人为自己或个别债权人谋取不正当利益等，而这需要法律的特别关注与规制。

上述所列并不能全面概括破产欺诈行为的实践表现，列举的形式总会挂一漏万、不够周延。为厘清本书研究对象的基本范畴，下文中将结合破产欺诈的实践表现及理论研究，对破产欺诈行为进行如下类型划分。

二、破产欺诈行为的类型划分

联合国的《破产法立法指南》中指出，各国对破产欺诈行为有不同的类型划分，但划分的标准究竟为何，各国规定并不一致，也没有权威统一的要求。就立法模式而言，大陆法系国家通常采用列举化或概括加列举主义的模式。如《德国破产法》中，第129条是原则性规定："（1）在破产程序开始之前做出的损害破产债权人利益的法律上的行为，破产管理人可以依照本法第130条至第146条的规定提出撤销。（2）不作为视同法律上的行为。"第130条至第146条具体列举了可撤销行为的种类，包括同等偿付、不同等偿付、故意损害、无偿给付、替代资本的贷款、隐名合伙、票据付款与支票付款等。我国《企业破产法》规定了程序开始前的交易和转让行为的撤销和无效，但无概括性条款，对可撤销行为和无效行为进行的是列举规定。英国与美国的破产欺诈行为的类型主要分为欺诈性转让与偏颇性清偿两大类，并根据审判实践和判例对每种类型进行了特征或构成要件的规定。日本借鉴了英美法系制度的特点，将原有对破产欺诈行为的列举改为类型划分。对破产欺诈行为进行类型划分，可将具有共同特征的行为集合在一起，是对破产欺诈行为的进一步概括与抽象，为立法者在规范破产欺诈行为时建立符合各自特点的制度，为司法机关在审查破产欺诈行为时掌握客观规律提供了可能。

本书将破产欺诈行为划分为四大类，分别是事前破产欺诈行为与事后破产欺诈行为，损害全体债权人利益的破产欺诈行为与损害部分债权人利益的破产欺诈行为，破产法直接规制的破产欺诈行为与其他法律部门规制的破产欺诈行为，积极的破产欺诈行为与消极的破产欺诈行为。对破产欺诈行为的类型化区分无法做到绝对或不重叠。事实上，本书所分析的几大类型，在其框架之下各自具体的行为表现方式上也出现了交叉与重复。如前文所述，我国实践中的几种破产欺诈行为，绝大多数是事前破产欺诈行为，如隐匿、转移财产，无偿转让、低价出售财产，等等；破产管理人违反法定义务的破产欺诈为事后破产欺诈行为。而上述行为又均属于破产法所直接规制的破产欺诈行为。之所以在有重叠的情况之下仍进行该种划分，一方面，是因为某些行为本身即可进行不同类别的归属。如偏颇性清偿，其是破产债务人对个别存在先前债权债务关系的破产债权人的提前清偿，该行为既是事先破产欺诈行为，又是损害部分债权人的破产欺诈行为（对个别债权人的偏颇性清偿就是对剩余破产债权人利益的侵害）。另一方面，是希望结合我国实践中常见的破产欺诈行为，在学理上尽可能多地囊括不同的行为类型。例如，对积极的破产欺诈行为与消极的破产欺诈行为的类型划分。不作为欺诈在理论上研究较少，但实践中绝非个例。对该种行为类型的学理探讨，有助于解决司法实践中出现的问题。另外，对不同法律部门中规制破产欺诈行为的法条进行研究，有利于明晰我国当前法律体系中已然和未然的规定，有助于有效追究违法犯罪行为的法律责任。

（一）事前破产欺诈行为与事后破产欺诈行为

这是根据破产欺诈行为发生在破产程序开始之前还是开始之后进行的划分。究竟破产程序是从何时开始的，不同国家的破产法的规定不尽相同。有的国家以破产案件的受理为破产程序的开始，如英国、美国等，而破产案件受理后并非一定会对债务人做出破产宣告、进行财产清算；有的国家以破产宣告为破产程序的开始，如日本、德国和法国等。提出破产申请是破产程序的准备阶段，法院以做出破产宣告的方式确定受理破产案件，启动破产程序。在我国，法院裁定受理破产申请，是破产程序开始的标志。本书的分类以我国法律规定为标准。

1.事前破产欺诈行为

破产欺诈主要是指破产债务人非法减少对债权人的清偿财产，损害全体债权人利益，或者对个别债权人偏颇性清偿，损害全体债权人公平获得清偿的行为。破产欺诈行为的认定有时间界限，并非所有债务人财产的不当减少均是欺诈。此时间界限即为"嫌疑期"制度，即债务人从某一特定日期开始在一定规定期限内所为的一些欺诈性的、有损债权人利益的行为可撤销或宣告无效。一般而言,各国破产法对嫌疑期的规定有两种模式:一种是规定了一个统一撤销期间的单一主义;另一种是对可撤销行为的危害性轻重予以区分,撤销期间长短不一的区分主义。世界上大多数国家均采用此种立法模式,我国亦如此。对于嫌疑期的具体时限,不同国家立法不一。《美国破产法》规定,与一般人进行的某些可撤销行为,嫌疑期为破产申请前90天内;但如果可撤销行为与债务人的关系人或内部人等特定关系人相关,则嫌疑期为1年,自破产申请之日起算。《德国破产法》规定,嫌疑期一般自开始支付不能程序之日起算,例如对债务人的无偿给付行为,嫌疑期为4年;对替代资本的贷款,在担保的情形下(为合伙人或股东享有的、以返还替代资本的借贷为内容的债权提供担保的,或为具有同等地位的债权提供担保的),嫌疑期为申请开始支付不能程序之前的最后10年内;若为上述债权提供清偿的情形,则嫌疑期为破产申请前1年内。《日本破产法》将撤销权称为否认权,分为故意否认、无偿否认与危机否认。故意否认不问其行为的时间;无偿否认则是指对破产人做出的无偿行为或等同于无偿行为的否认,期限是在破产危机发生后或之前6个月内;危机否认的嫌疑期为在破产人停止支付或破产申请后或在此之前30日内;我国《企业破产法》根据破产欺诈行为社会危害性的不同,分别规定了1年或6个月的嫌疑期。大部分破产欺诈行为都发生在破产程序之前,各国法律也注重对此类行为加以规制。虽然行为名称不尽相同,但是实质上并无太大差异,主要有两类行为模式,即偏颇性清偿与欺诈性转让。

(1)偏颇性清偿。《布莱克法律大词典》将 preferential transfer 解释为无力清偿的破产债务人在破产宣告前为债权人利益所做的转让,债权人可借此获得比通过破产财产分配更多的受偿份额,即指在破产前夕为了清偿旧债务而对债务人的财产进行的转让。偏颇性清偿是对某些债权人给予先期清偿等优于他人的特殊待遇,部分债权人提前获得清偿意味着对剩余债权人的不公,不能体现公平有序的清偿原则。联合国《破产法立法指南》指出偏颇性清偿的例子可包括:"偿付或抵销尚未到期债务;实施债务人没有义务实施的行为;为现有无担保债务实施担保权;以非正常支付方式偿付到期债务,例如不使用金钱偿付;偿付与债务人的资产相比数额相当可观的债务;在某些情况下,迫于债权人的极端压力(例如诉讼或扣押)而偿付债务,但施加这种压力的理由令人怀疑。"这意味着只要交易行为破坏了将来债权人之间的平衡,破坏了同一顺序债权人公平受偿原则,就属于可撤销的偏颇性交易。各国破产法均严厉禁止此种行为,如《美国破产法》第547条、《英国破产法》第239条、《日本破产法》第162条、《德国破产法》第130

条、131条、135条、136条等均有相应规定。偏颇性清偿体现出破产法在商法范畴内对"公平正义"的别样理解，通过法律制度的安排，从整体结构角度出发实现各方当事人之间的权利衡平，进而督促债权人善意行事。

第一，偏颇性清偿的构成要件。《美国破产法典》第547条规定，除了例外情况，任何一项转让只要同时满足以下各个要件的规定，就构成偏颇性清偿，托管人可以消除。

①针对特定债权人利益而为的转让。转让意味着以各种方式，不论直接或间接的、绝对或有条件的、自愿或被迫的，完全或部分地处置财产或财产中的利益，包括担保利益的维护和债务人对担保财产回赎权益的丧失。不管债务人直接清偿债务还是对债权设定担保，只要针对的对象为破产债务人的债权人，即构成偏颇性清偿，接受转让的债权人主观上的无辜不能成为撤销权的抗辩理由。

②存在债务是进行所谓"转让"的前提条件。此时托管人若要行使撤销权须符合《美国破产法典》第547条的规定，即该债务不但存在，而且应当是发生于转让之前。也就是在此前提条件中有两个要求，一是须证明转让双方实际存在债权债务关系，而且在此交易关系或转让关系中，破产人是债务人而交易相对方为债权人，显然通过对转让前提条件的分析，二者之间此前的债权债务关系属于非即时清结的债务关系。二是该债务关系产生时间应早于所谓"转让"的产生时间。当然第二个要求涉及合同交易成立、生效的判定，这并不能由破产法予以解决。

③为保证债权人公平受偿，法律要求判定债务人进行转让时，必须处于一种"无力清偿"的状态。由于市场交易频繁且资产债务评估难以做到完全精确，此时对于无力清偿尽管可以从理论层面进行简单界定，但在破产清算未彻底结束前，该问题与其说属于一个法律问题，不如说属于一个"商业判断"问题更为恰当。因此，鉴于所谓"无力清偿"状态的难以把握，《美国破产法典》第547条规定了一个相对明确的客观标准，即将破产债务人的"无力清偿"状态限定在提出破产申请前90天内。就此客观标准假定，除非交易相对方即受让人提出证据予以推翻，否则托管人在满足其他条件的情形下，可直接依据此标准行使撤销权。

④期限方面，要求在破产申请前的追索期间内进行转让。对此期限规定，当受让人是符合《美国破产法典》第101条第31项所规定的特殊关系人时，可以延长至申请破产前1年内，否则偏颇性清偿的撤销追索期一律为90日，自申请破产之日起算。

⑤该转让使特定债权人得到实质优惠，或者说对债权人的地位有所改善。具体而言，这意味着债权人通过转让所获利益，远远超过其单纯依据破产法规定所获的概括

清偿利益。可见，这一规定是判定偏颇性清偿的核心条款，因为偏颇性清偿行为的可撤销性就在于它破坏了债权人公平受偿原则，这种破坏表现为特定受让人通过转让行为获取超过同一顺位其他债权人的利益。根据《美国破产法典》之规定，无论该类案件适用《美国破产法典》的何种顺序，对于受让人地位是否得到改善的判断标准都是以该法典第 7 章所规定的概括清偿来作为计算依据的。需要注意上述条件须同时满足，破产托管人才能将其作为偏颇性清偿予以撤销。若任何一个要件不符合，则该转让就不属于偏颇性清偿。

第二，我国《企业破产法》的规定。我国《企业破产法》第三十一条、三十二条规定了偏颇性清偿的若干表现形式，包括以下三类：

①对没有财产担保的债务提供财产担保。《企业破产法》规定了别除权制度，即指债权人因其债权设有物权担保或享有法定特别优先权，而在破产程序中就债务人特定财产享有优先受偿权。别除权设定原理及目的本是由于物权优先于债权，因此对那些设定担保的债权可以优先受偿。但在破产实践中有破产债务人利用该法律规定，试图达到偏颇清偿目的，使特定债权人得到实质优惠或者说不当改善其地位。债务人在处于资不抵债、无力清偿状态下为原先没有设定担保的债务提供担保，从而使得被担保人能够从原先普通债权人跃升为优先受偿债权人，显然违反了《企业破产法》所倡导的公平清偿精神，因此应为法律所禁止。

②对未到期的债务提前清偿。正常情况下的提前清偿不被法律所禁止，这是企业营业自由的当然体现。但面临企业破产这一非正常情形，出于保护全体债权人利益的考虑，有必要对面临破产境地企业的营业自由进行一定限制。在破产申请受理前特定期间内，若允许破产债务人就未到期债务提前清偿，则意味着允许一部分人"抢夺"其他债权人应获的利益，有违《企业破产法》的公平清偿与集体受偿原则，应当予以撤销。

③破产案件受理前 6 个月内的个别清偿。我国《企业破产法》第三十二条规定了危机期间的个别清偿行为应予以撤销，这主要是考虑到当债务人明知自己资不抵债、即将破产时，仍对个别债权人进行清偿的行为违反了公平清偿原则，还会刺激债权人竞相争夺债务人财产，从而断送困境企业的拯救前景。但是，在破产程序开始之前，债务人从事正常的经营活动，必然会进行清偿债务活动。有学者认为，使债务人财产受益是指在此期间给债务人财产带来相应的利益，如购买维持生产所需的原材料所支付的货款，为维持企业经营支付的电费、通信费等；有学者认为，只要是低于债务数额的清偿就是使债务人财产受益；还有学者认为，判断债务人财产是否受益的标准应是实际清偿数额是

否低于该债权额在破产程序中可能得到的清偿数额。本书认为，如果对特定期间内的债务人清偿行为一概认定为可撤销行为，难免会影响正常的债务清偿活动，损害无恶意债权人的利益。《企业破产法》第三十二条的规定应限定条件严格实施，需关注债务人的主观状态，即对债务人与债权人恶意串通进行不符合规定的清偿行为予以撤销。

（2）欺诈性转让。欺诈性转让一词源自《美国破产法》第548条，但并未有明确的立法概念界定，也有译为欺诈性交易的。各国破产法均禁止这一行为，法律条文中更多地体现关于欺诈类型转让行为方式的列举、阐述与规制，对其具体的概念界定则并不关注，所谓欺诈性转让只是一种学理上的概念表述。本书认为，欺诈性转让是指债务人在破产程序开始前或法定期限内采用不当转移财产等方式，与第三人之间进行的意图使债权人不能实现债权的行为。

《美国破产法》将欺诈性转让分为实际欺诈和推定欺诈两种。实际欺诈即具有实际阻碍、迟延或者欺诈债权人意图的转让行为，托管人对行为须有能够达到明确而令人信服的证明标准的直接证据。但实践中，因为人们很少承认自己的欺诈意图，获得直接证据较为困难，因此，法院针对欺诈行为的特征采用了两种方式减轻托管人的证明责任。一是利用间接证据。为法院所广泛接受和认可的"欺诈征象"，可以用来证明债务人具有实际欺诈意图。二是若托管人联合多个欺诈特征来创造出一种具有欺诈意图的假定，此时证明责任转移给了受让人，由受让人证明自己没有欺诈的意图。如果受让人不能推翻该假定，则托管人假定的欺诈意图就成立。推定欺诈是指授权托管人无须证明债务人的实际欺诈意图就可以撤销一些欺诈性转让。推定欺诈不要求债务人具有对债权人的阻碍、迟延或者欺诈的实际意图，而要求证明债务人转让时的经济状况确实是实际的、法定的无力清偿状态，且债务人明显收到了不合理的对价。推定欺诈的证明标准较低，采用"优势证据"标准。

①欺诈性转让的构成要件。根据《美国破产法典》第548条的规定，欺诈性转让有以下4个构成要件，只要一项转让同时满足这4个要件的要求，无须考虑债务人转让时的心理态度，托管人都可行使撤销权使该转让归于无效，转让的财产回归于破产财产。A.做出该转让或招致该债务，目的是故意阻碍、拖延或欺骗任何因做出该转让或招致该债务从而自负债当天或以后成为债务人的经济实体。B.为该转让或债务在交易过程接受了少于合理的等价值。何谓"合理的等价值"？这需要考量该转让财产的价值与债务人获得的对价之间的差距是否过分悬殊，能否为人所接受。然而，对合理的判断又存在疑问，应采用什么标准？若转让虽对债务人不利，但又未使债务人利益过于损失，是否也

能构成欺诈性转让？刻板地仅对数字进行比较，难以得出有说服力的结论。因此，法院在对此种情况进行判断时，需综合考虑各种因素，如交易时外部市场环境如何，当事人从事该种交易的动机为何，交易双方之间有无其他关系等。如果债务人秘密转让财产，且对方未足额支付对价，则该转让有极大的欺诈可能性；反之，若能查明债务人动机诚实，纵使没有获得合理对价，则判定该转让行为不具有欺诈性。C.必须具备三个要素：a.发生该债务之日或做出该转让行为之时债务人已经无力偿债，或无力偿债是由该转让或债务引起；b.过去参与商业买卖或交易，或过去准备参加商业买卖或交易，为此债务人依然持有的财产数量极少；c.故意招致或相信债务人将会招致在债务到期时超出债务人偿债能力的债务。D.转让发生在债务人申请破产前1年之内。若欺诈性转让发生在破产申请前1年内，破产托管人可根据《美国破产法典》第548条规定直接适用撤销权。

大陆法系国家的破产法虽然没有如美国一样将破产欺诈行为类型化，并详细规定其构成要件，但在相关法条中仍可区分出欺诈性转让及其构成。《德国破产法》第三章"破产程序开始的效力"之第三节"因破产而提出的撤销"，是为保护债权人的利益而赋予破产管理人撤销权的专门规定。其中第129条是对欺诈性转让的原则性规定，明确破产管理人对于破产债务人在一定期间内，通过作为或不作为的方式，进行损害破产债权人利益的行为，破产管理人可以依据破产法相关规定予以撤销。《德国破产法》上的欺诈性转让行为主要包括两大类：直接损害破产债权人利益的法律上的行为，以及故意损害破产债权人利益的法律上的行为。该法第132条、133条规定了可撤销的债务人行为。《德国破产法》的临界期根据欺诈性转让行为的不同而有所区别，时间从开始申请破产程序前10年到3个月不等。而债务人在破产程序开始申请之后做出的损害破产债权人利益的行为，若对方当事人在该时刻知道债务人无支付能力，或知道债务人怀有损害债权人的故意，则债务人的行为也可以被撤销。对于债务人和第三人之间的法律行为，强调二者的主观故意，即债务人明知自己的行为会损害债权人利益，对方当事人亦知道债务人的故意。《日本破产法》中的否认权制度即为撤销权，规定于第六章"破产财团的管理"的第二节中。否认权是指对于破产人在宣告破产前实施了侵害债权人合法利益的不当行为，破产管理人可以诉讼或抗辩方式否认，从而追回因该行为所流失的利益或财产的权利。因破产人从陷入破产状态到破产程序开始有一段时间，此期间内破产人为逃避或减少应清偿债务总额，极有可能进行两类典型的侵害债权人利益的行为，一类是前述对部分特定债权人予以偏颇性清偿，另一类则是通过例如低价转让、隐匿财产等方式损害全体债权人的欺诈性转让行为。此两类行为均可损害破产债权人利益，因此权利主体应当予以否认进而撤销。《日本破产法》自第160条至第176条对否认权进行了详细规定，包括否认行为、否认权的行使、否认效果等。第160条规定了对欺诈性转让的否认。《日本破产法》规定在破产程序开始后，可以为破产财团而否认下列行为（关于提供担保或消灭债务的行为除外）：第一，在破产人提出破产申请或陷入停止支付状态后，所进行的转让行为可以撤销，但是如果交易相对方（取得利益者）在进行转让行为时确不知道该行为会损害全体债权人利益以及对方陷入停止支付的，不在此限；第二，破产人明知其行为会损害破产债权人利益而从事的行为，可以撤销。但是如果交易相对方（取得利益者）在行为时确不知其行为会损害破产债权人利益的，不在此限。

②我国《企业破产法》的规定。我国《企业破产法》第三十一条、三十三条以列举的方式规定了欺诈性转让。第三十一条是可撤销的欺诈性转让行为，包括无偿转让财产的行为、放弃债权的行为、以明显不合理的价格进行交易的行为等。其中，"无偿转让财产"在其他国家破产法中的规定是无偿行为，如《英国破产法》第238条（4.1）规定了对于公司向该人赠送或者与该人进行的无对价交易，在破产开始之前2年起所发生的应当予以撤销。破产人的无偿行为是指有关财产权利的一切行为，包括私法行为、诉讼行为、法律行为、履行行为等，也即是指法律的行为。从法律性质来看，放弃债权的行为也应是无偿行为。"以明显不合理的价格进行交易"中的关键词包括"明显"与"不合理"，"低卖"或"高买"均是其表现形式。《英国破产法》规定了低价交易，即是指公司与该人进行交易的金钱或非金钱对价严重低于公司提供的金钱或非金钱对价的价值。高买也可理解为债务人的付出远高于其获得的回报。因此，是否有合理对价是判断欺诈性转让构成与否的标准。美国破产法并没有对合理对价进行界定，大多数法院赞同合理对价的含义应当是公平的经济成交条件，而不是1美分对1美分的交换。大多数案件都遵循相同的程序，即比较被转让财产的价值和债务人获得的价值，该价值应当依据转让行为时的标准进行衡量，而不是依据转让后的标准进行衡量。

根据我国《企业破产法》第三十三条的规定，如债务人财产涉及债务虚构、拒不承认真实债务，或者为逃避债务而转移、隐匿财产的，其行为一律无效。无效行为因行为本质上的违法性而自始不发生法律效力，对无效行为，无论何时发现，均可追回被行为人非法处分的财产，且任何人均可主张该行为无效，并不以利害关系人的请求为前提。这些均体现了其与可撤销行为有所不同。

2.事后破产欺诈行为

通常而言，绝大多数的破产欺诈案件出现在破产程序开始之前，各国法律对事前破产欺诈的规制均比较重视,但这并不意味着破产程序开始之后就不会发生破产欺诈。事后破产欺诈虽不如事前破产欺诈常见,但在破产实践中的确存在,也应得到相应的重视并对其法律规制进行探讨分析。如前所述,我国的破产程序开始时间为自法院裁定受理破产申请时,法院同时指定管理人。根据《企业破产法》第十七条、十八条的规定可知,自破产申请受理之日起,与债务人以及债务人财产有关的权利均由管理人来代为行使。第十五条规定了法院受理申请的裁定送达债务人之日起至破产程序终结之日期间,债务人的有关人员也应承担相应的义务,简言之即为保管义务与说明义务。

本书认为,破产债务人及其相关人员在破产程序开始之后实施的一些违反法定义务的行为,亦可能构成破产欺诈,这属于事后破产欺诈。若对破产欺诈采纳广义界定模式,则其核心应当在于债权人利益损害是由于破产人的欺诈性手段所致,通常表现为破产财产减少,使债权人得以清偿债务的数额减少。由此认识出发,是否构成破产欺诈并不以行为的发生时间为认定标准,在破产程序开始之前或之后均可能存在破产欺诈行为。发生于破产程序开始之后的破产欺诈行为,由于此时债务人的财产由管理人接管,债务人无法如破产程序开始之前自由处分财产,因此破产欺诈行为的表现形式也与事前破产欺诈有很大不同。事前破产欺诈主要是债务人通过直接处置财产的方式影响债权人利益,而事后破产欺诈的实施主体包括债务人、债务人的有关人员、破产管理人,实施方式通常表现为违反法律的限制性规定,背离自身本该遵守的义务准则,以欺诈的方式损害债权人利益。

(1) 债务人违背法定义务的无效行为。我国《企业破产法》规定,"为逃避债务而隐匿、转移财产的;虚构债务或者承认不真实债务"的行为,无论发生于何时均为无效。破产申请可以由债务人提出,也可以由债权人提出。债务人提出破产申请的,在向法院提交申请书和有关证据的同时还需提交相关财务会计账册等。若破产申请由债权人提出,则法院受理破产申请的裁定送达债务人之日起15日内,债务人需向法院提交相关财务会计账册。也就是说,在破产程序开始之后的15日以内,债务人如果以逃债为目的,不真实披露有关财产信息,或者在财务报表上做虚假记载,这是一种隐瞒、篡改真相的行为,有欺骗之意也必然会损害债权人利益,可视为"隐匿财产",应属无效的破产欺诈行为。

(2) 债务人的其他违背保管与说明义务的行为。这里要明确一点,违背义务的行为有多种表现方式,并不能将其一概归入破产欺诈行为,还需与破产欺诈行为的构成要件相结合才能有准确的判断。本书认为破产欺诈行为构成要件应当包括:行为人欺诈行为违法、欺诈行为给债权人造成了损害、损害事实与欺诈行为之间存在因果关系以及行为人主观上有过错。破产程序开始之后，债务人有关人员的义务规定于我国《企业破产法》第十五条，包括五项。按照国际上使用的术语可将其分为"合作与协作义务""信息提供义务"以及"附属义务"三类。我国法律规定的"附属义务"是指债务人不得擅离住所地以及债务人的董事、监事或高级管理人员不得担任新职。债务人的有关人员所为的事后破产欺诈行为，主要发生在违反"合作与协作义务"以及"信息提供义务"的情形下。前者主要是指为了破产管理人能够对破产财产实行有效控制，债务人需交出资产控制权以及业务记录和账册，但债务人故意伪造材料使财产状况不明；后者主要包括债务人应对法院、破产管理人以及债权人如实陈述并回答相关问题，以便破产程序顺利进行却没有适当履行义务，导致有关财产状况无法查明的情形。

  第一，不适当履行保管与说明义务的行为具有违法性。各国破产法一般都明确规定了债务人的相关义务。如《德国破产法》第97条规定了债务人的情况告知义务与协作义务，《日本破产法》第41条规定了破产人的财产披露义务，我国《企业破产法》将其规定于第十五条。第二，违背义务的行为给债权人造成了损害。各国破产法之所以均明令债务人的保管与报告义务，很重要的一个原因即在于只有债务人才最清楚自己的财产财务状况，如果债务人及有关人员隐瞒真相，甚至伪造、销毁账簿，则接手的破产管理人很难根据财务报告等凭证准确掌握破产财产，甚至难以查清债权人的损失，这必然会影响债权人利益，给其造成损害。第三，违背义务的行为与债权人的损害有因果关系。正是因为债务人及相关人员违反法律规定，规避应予履行的义务，才会给债权人带来损失。如果债务人能妥善保管财务报告，按要求向破产管理人提交材料，移交财产，如实回答相关提问，管理人也能及时准确地清理破产财产，有序偿还债权。因此，违背义务的行为侵害了债权人利益，二者有因果关系。第四，债务人及相关人员主观上是故意。不论是违反信息披露义务还是移交、提交义务，只有债务人故意为之的行为才能构成破产欺诈。而债务人及相关人员在破产程序开始后应当正确披露企业相关财务信息而拒不披露，甚至捏造不实信息误导管理人等，或者对账册予以伪造、篡改，这些行为带来的后果就是造成破产财产状况不明，给债权人带来损失。明知自己的行为会造成损害后果但仍继续，即为主观上有恶意。

  （3）管理人违背义务的行为。在破产程序开始之后，由管理人行使与债务人以及债务人财产有关的权利。通常情况下，管理人应当勤勉敬业、忠于职守，但正因为管理人接管破产财产并负责对其清理、管理、估价、处分与分配，所以管理人与他人恶意串通、隐匿财产或转移财产的行为实施起来更为容易。同时，虚构债务或承认不真实的债务，在破产程序开始之后，也可能由管理人行使。也就是说，管理人违反法定义务，不但不忠实、勤勉地履行职责，反而直接或间接地进行破产欺诈行为，损害债权人利益的，应当承担相应的责任。

（二）损害全体债权人权益的破产欺诈行为与损害部分债权人权益的破产欺诈行为

这是按照破产欺诈行为损害对象是全体债权人还是部分债权人进行的分类。一般而言，破产欺诈行为的结果是债务人受益、债权人受损。但在有些情况下亦会出现个别债权人受益、其余债权人受损的局面，有违破产法公平清偿债权债务的立法宗旨。一般而言，破产欺诈行为多数表现为损害全体债权人权益的行为，损害部分债权人权益的行为较少，典型表现即为偏颇性清偿。

1. 损害全体债权人权益的破产欺诈行为

损害全体债权人权益的破产欺诈行为一般包括非以破产债权人为交易对象的欺诈性转让、无偿交易行为。债务人或第三人通过欺诈行为获益，将损失移转给全体债权人承担。该种类型划分是基于损害对象的范围进行的，欺诈方式表现多样。在我国《企业破产法》第三十一条、三十三条所规定的可撤销的破产欺诈行为与无效的破产欺诈行为中，不论表现形式如何，只要给全体债权人利益造成损害的，都应属此种类型。我国《企业破产法》中没有对过怠破产问题予以规定，一些国家和地区的法律中规定了"过怠破产罪"。本书认为，过怠破产行为也属损害全体债权人利益的破产欺诈行为。所谓过怠破产罪，是指破产人在破产宣告前的法定期限内或在破产程序进行过程中，实施法律规定的过怠行为，导致债权人作为一个整体其利益受到损害。过怠行为包括：实施浪费、赌博或投机行为，使财产减少或负担过重的债务；以延迟宣告破产为目的，以显著不利条件处分商品；明知破产原因存在的事实，非基于自身义务为个别债权人提供担保或消灭债务。

本书认为，过怠并非过失，行为人不是没有预见到自己的行为将会给债权人的利益造成损害。过怠破产行为的主观要件应是间接故意，是明知自己的行为危害债权人利益，放任这一结果的发生。过怠就是懈怠、无所谓的态度，且客观上确实实施了侵害全体债权人利益的行为。如赌博、浪费或其他显著减少财产或过度负债的行为就是典型的过怠破产行为。企业经济行为选择的目标是获利,可以是直接利益的获取,也可以是长远利益的预期。在成本收益比较基础上,企业应以经济效益、利润获取作为自己行为的指向。当然,经营者对自己的财产有自由处分的权利,但当已发生经营危机或危机迫近之时,最低限度应当全面预测形势、做出计划,如财务计划、投资计划、营业计划、人员及其他计划等,而非盲目经营,违反通常的经济要求。《德国刑法典》第283条提到了违反经济常规的方式,其主要行为类型有:行为人在特定期间内,进行赊贷或证券交易,但在该交易完成后却以明显不符经济规律要求的方式,将有价证券、赊欠货物等,进行低价或其他不合经济要求的财产处置;违反通常经济要求的方式进行投机性、亏本性交易,既可能是财物交易也可能包括证券交易,或者通过例如赌博、非经营经济性支出进行财产耗费的情形;隐匿或者掩盖其真实财产状况与经营状况,或者其他可能存在的不符合经济要求的财产处分行为。对于此类过怠行为均可以追究刑事责任。

  过怠破产行为还包括以延迟破产宣告为目的,以显著不利条件负担债务,或以信用手段购入商品而以显著不利条件处分的行为。一般而言,债务人为挽救自己企业的一切努力弥补亏损的行为,都可以减少债权人的损失,相当于维护了债权人利益。而以显著不利条件负担债务如高利借贷行为,以信用手段购入商品而以显著不利条件处分的行为,目的不外乎侵吞、隐匿财产或挥霍享受,对于债务清偿、债权人利益保障没有任何好处。信用购买实际就是赊欠,是凭借自己的信用购买商品,无须现行支付现金,而利用信用购买后又低价处理再宣告破产的行为,无疑严重损害了债权人利益,法律当然要惩治此类行为。

2.损害部分债权人权益的破产欺诈行为

  破产法立法的基本原则之一就是保证同一位序债权人能够得到公平债权受偿保证。然而在破产实践中为逃避或减少应清偿债务总额,时常会出现破产债务人与个别债权人共谋,通过损害其他债权人利益实现自己利益的最大化的现象。此类行为因违反破产法基本原则与目的当然需要进行相应的法律规制。这种以损害部分债权人利益,而使个别债权人及破产债务人获得不当利益的情形,以偏颇性清偿为典型代表。相较于其他破产欺诈行为,偏颇性清偿最大的特点就是交易对象的特殊性——限于破产债权人。偏颇性清偿与欺诈性转让均是破产欺诈行为的表现形式,也都同样造成了破产债权人的利益损失,均可由破产管理人予以撤销。但二者存在比较明显的区别,以损害对象的不同二者可以划分为不同的破产欺诈行为类型。这里要明确的是,对破产欺诈行为类型的划分无法做到完全不重合,偏颇性清偿与欺诈性转让如果从行为发生时间的角度来分类,则均属于事前破产欺诈行为，前文对二者的构成要件已有分析。但从侵害对象的角度而言，二者又属不同类型，具有较大的差异。而对比偏颇性清偿与欺诈性转让的不同，可以对损害部分债权人利益与损害全部债权人利益的破产欺诈行为的区别有更加直观的认识。

第一，交易基础不同。偏颇性清偿以双方存在债权债务关系为前提，债务人在破产程序开始前的一段时间对个别债权人予以先期清偿，造成对其他债权人的不公。欺诈性转让行为不存在前期债权债务关系，其交易对象主要是债权人之外的第三人，有时也可能包括债权人。

第二，对主观要件的要求不同。大陆法系国家和英美法系国家对于偏颇性清偿主观要件的规定不同。大陆法系国家一般要求债务人的明知，即知道自己已经处于无力清偿状态还对债权人做出个别清偿。同时还要求受到清偿的债权人也了解债务人境况，或明知该行为会给其他债权带来不利。英美法系国家的要求更为宽松，即只关注债务人实施行为时是否已经无力清偿，或交易时会使个别债权人得到利益，对于债权人的主观状态不做要求。法律亦没有赋予债权人善意抗辩权。对于欺诈性转让，两大法系国家的破产法均明确要求破产人主观上必须是故意。如《德国破产法》第133条、《日本破产法》第160条、《美国破产法》第548条等都使用了"故意""明知"的用语。本书认为，虽然偏颇性清偿在法律上没有对破产人主观恶意的要求，但若构成破产欺诈则必然要考虑行为人的主观状态。若对债务人特定时间的清偿行为一概认定为破产欺诈进而申请撤销，无疑会损害善意第三人的权益，同时对交易安全与经济稳定造成威胁。因此，只有债务人是恶意的情况下，才能认定为破产欺诈予以撤销。而对恶意的认定，可以从债务人行为时是否认识到自身的经济状况已经处于无力清偿，是否明知自己的行为会在债权人之间造成不公平的后果等。

第三，表现形式不同。偏颇性清偿一般表现为对债权提供担保或个别清偿。有学者认为，破产案件中最常见的偏颇性清偿行为包括：①债务人的财产受到衡平法上推定信托或推定担保的约束，或者其财产受法定扣押担保的羁束以及其他非自愿的担保约束，例如判决、裁定文书等；②债务人对自己名下财产进行彻底转让，包括各类动产、不动产或金钱，只为清偿一项债务；③采用担保形式为一项债务提供担保，而用以担保的物来自债务人设定在自己财产上的权利等情形。欺诈性转让的表现形式通常为隐匿、转移、私分财产，或通过低价交易等减少破产财产，使债务人无力清偿。

第四，损害对象不同。偏颇性清偿损害的是除个别债权人之外的一般债权人的利益，破坏了债权人的公平受偿权。其判断标准是清偿是否使个别债权人地位改善、利益增加。如果其因该行为获得了比通过正常的破产程序分配更多的利益，即为受到了"偏颇"的对待。欺诈性转让损害的是全体债权人的利益，判断标准以交易风险、利益是否恰当进行衡量，如是否风险过高或对价是否合理等。

第五，进行追索的临界期不同。由于欺诈性转让损害全体破产债权人的利益，因而危害后果可能更为严重，所以对其规定有较长的追索临界期限，通过便利法律责任追究的方式，以保证债权人利益能够得到较为妥当的保护。至于偏颇性清偿，一般而言，债务人对债权人的个别清偿行为并不为法律所禁止。虽然债务人应拥有营业自由，但对在特定阶段内仅就个别债权人进行清偿的行为进行限制，是出于破产债权人整体利益的考量。所以，法律对偏颇性清偿规定的追索临界期限比欺诈性转让短。

在研究偏颇性清偿时，特别要注意债务人与其相关人之间的交易。所谓相关人，不同国家的法律界定不同，简单而言，就是指与债务人有着某种形式的业务或家庭关系的人，《美国破产法》对相关人进行了相当细致的列举，《德国破产法》第138条亦有类似规定。相较于其他非关联关系的债权人而言，债务人与相关人之间往往存在共同利益，交易更加便利，欺诈性更为隐蔽。因此，很多国家对于此类交易，往往对相关人的主观恶意实行法律推定，如《德国破产法》《日本破产法》均有相关规定。与一般债权人相比，相关人对债务人的财产状况更为了解，也会更早地知悉债务人经济陷入困境，出于维护自身利益的目的，更易实施瓜分债务人财产的行为。因此，《美国破产法》第547条在规定了对一般债权人的偏颇性清偿追索期间为90日的同时，还明确受让人是相关人的，追索期为破产申请前1年。《英国破产法》的规定分别是6个月与2年。我国《企业破产法》没有区分对一般债权人与相关人撤销权行使的不同，有必要在借鉴国外立法经验的基础之上，结合我国法律如《公司法》《中华人民共和国证券法》（以下简称《证券法》）中已有的对相关人的界定，重视对债务人与其相关人实施的破产欺诈行为的规制。

（三）破产法直接规制的破产欺诈行为与其他法律部门规制的破产欺诈行为

这是按照破产欺诈行为由哪些法律予以规制进行的分类。本书对破产欺诈行为法律规制的研究，最终要落实到我国法律对该问题的解决。因此，本部分以我国不同的法律部门对破产欺诈行为的规制为研究对象。

1.破产法直接规制的破产欺诈行为

我国《企业破产法》在第一条明确了其立法目的,其核心用两个字概括即为"公平"。这是破产法的第一理念,其意义在于当债务人没有足够的财产可供分配时,法律提供一个债权债务清理程序来解决多数债权人在债务人有限的财产上发生请求权竞合所致的清偿冲突的问题。对于破产欺诈这种明显有违公平清偿原则的行为,《企业破产法》强化了对其的控制。《企业破产法》虽未直接使用破产欺诈一词,但对于破产欺诈的法律规制还是比较详尽的,涉及的法条有第三十一条、三十二条、三十三条、三十六条,主要规定了可撤销行为与无效行为。《企业破产法》将可撤销行为与无效行为这两种性质不同的破产欺诈行为加以区分,按照行为轻重不同予以不同定性。

《企业破产法》第三十一条规定的可撤销行为主要指债务人在法院受理破产申请前1年实施的五种破产欺诈行为,在正常情况下,上述财产处分行为不为法律所禁止。但在企业处于困境、资不抵债难以维系之时,施行此类行为无疑会减少破产财产进而损害债权人利益。出现这种情况时,管理人有权向人民法院请求予以撤销。第三十二条规定的是危机期间的个别清偿行为应予以撤销。债务人在已经具备破产原因的情形下,在特定时间段内(人民法院受理破产申请前6个月)对已到清偿期的债务进行个别清偿,是对破产还债所要求的通过集体程序对全体债权人公平清偿的规避,管理人有权依法行使撤销权。但若此清偿行为使债务人财产受益时,因其不会影响债权人的利益而为法律所允许。撤销权的实施主体为管理人,行使的法律后果为何《企业破产法》没有规定。依据法理而言,对债务人的破产欺诈行为予以撤销之后,该行为的效力自然丧失,被处分的财产或权利应由管理人收回或恢复。《企业破产法》第三十三条规定了无效的破产欺诈行为。所谓行为无效,是指行为无论何时发生均无效,以及无论何人均可主张行为无效。对于无效的破产欺诈行为,法律没有规定追诉期限,这有利于强化对该类行为的制裁,遏制债务人财产流失。第三十六条规定了债务人管理层的无效行为制度,对其利用职权侵占企业财产、获取不正当收入的,管理人有权追回。该条并未规定时间限制,也即只要特定主体实施了法律禁止行为,不论发生在何时,管理人均可追索。《企业破产法》第一百二十八条、一百三十一条规定了无效行为与可撤销行为的民事、刑事责任。

2.其他法律部门规制的破产欺诈行为

我国法律中尚未有"破产欺诈"这一术语出现,但不论是偏颇性清偿、欺诈性转让还是无偿交易等破产欺诈行为在实际中屡见不鲜,而修订后的《企业破产法》事实上也相当重视对破产欺诈的惩处。通过前述分析，本书认为破产欺诈就其性质而言，是民事欺诈的一种，归属于侵权法上的特殊欺诈行为。因此，虽然《企业破产法》是规制破产欺诈的核心法律，但对其规制的法理溯源仍可在其他民商事法律中找寻。就《企业破产法》的适用范围而言，其直接适用于所有的企业法人，包括有限责任公司、股份有限公司、具有法人资格的集体企业、民营企业、设在中国领域内的中外合资经营企业、中外合作经营企业以及外资企业等。我国目前虽尚未出台个人破产的相关规定，但由于不具有法人资格的合伙企业、个人独资企业等合伙人、出资人对企业债务承担无限连带责任，此类企业就涉及了个人破产问题。另外，根据《企业破产法》第一百三十五条可知，企业法人之外的组织，包括但不限于企业，如民办学校、农民专业合作社等也可受《企业破产法》的调整。这里需明确两点：第一，企业法人之外组织的破产，由有关法律规定。第二，法律有明文规定的，才能适用。那么，对于破产主体的公司企业，实施脱离正常生产经营活动的行为损害公司或债权人利益，或者在濒临破产时实施破产欺诈行为危害全体债权人利益，对此类行为的预防与控制，必须结合《公司法》等相关法律予以防范。另外，对于破产欺诈行为构成犯罪的，当然要由刑事法律加以制裁。因此，本书将破产欺诈行为的其他法律部门规制分别在民商事法律与刑事法律中加以论述。

（1）民商事法律。民法中债权人的撤销权制度是保全债权的方式之一。民法上的撤销是一种对原有法律行为的否定性评价，但需有法定事由才能得以适用。此制度在《中华人民共和国民法通则》（以下简称《民法通则》）中没有规定，但在相关司法解释中有所体现。并且债权人的撤销权制度明确规定于《中华人民共和国合同法》（以下简称《合同法》）第七十四条，体现了撤销权保障合同债务履行与保护债权人利益的功能。民法上的债权人撤销权，是由于债务人的积极行为（放弃债权、无偿或低价转让财产等）使财产减少危及债权时的一种救济。破产欺诈行为是对破产债权人利益的严重危害，破产撤销权就是法律提供给破产债权人的保障。二者在本质上没有差别，但在行使方式上不尽相同。民法上债权人的撤销权所提供的是一般性的适用基础，破产撤销权是其在破产法中的扩展和延伸。

公司法人人格否认制度作为控制破产欺诈行为的重要制度之一，在西方各国公司法中均有所体现。在我国，《公司法》第20条等有相应规定。公司法人人格否认制度产生的基础就是为了防止欺诈、实现平衡。公司法人人格独立、股东承担有限责任的《公司法》基本原则，可以很好地保障股东的个人权益。但由于股东责任的"有限性"，使得其往往会利用该制度逃避应偿债务。在破产欺诈中，表现为作为债务人的公司股东及董事等高级管理人员，特别是具有控制权力的母公司或控股股东等，为了牟取不正当利益采用各种手段减少公司财产或增加公司负担后申请破产，使广大债权人利益受到损失，自身却利用股东有限责任与法人人格独立制度逃脱法律制裁。因此，否认此种欺诈情形下的法人人格独立，可以跨过公司直接追究在其背后操盘的股东的责任，一方面可以控制破产欺诈行为，另一方面也有助于实现公平正义的目标。

另外，公司清算制度在反破产欺诈中也有重要的作用。当然，公司清算不仅仅包括破产清算一种，破产清算适用《企业破产法》的规定。对于银行等金融机构的破产，《商业银行法》《证券法》与《中华人民共和国保险法》规定较为简单，国务院2001年颁布了《金融机构撤销条例》，中国人民银行对经其批准设立的具有法人资格的金融机构依法采取行政强制措施，终止其经营活动，并予以解散。该条例对于此类行政清算的程序有比较明确的规定，我国《企业破产法》第一百三十四条是金融机构破产的特殊规定。对于商业银行、证券公司以及保险公司等金融机构破产的，由国务院金融监督管理机构向人民法院提出对该金融机构进行重整或破产清算的申请。对于金融机构实施破产的，由国务院制定实施办法，但目前尚未有相应办法出台。

（2）刑事法律。我国刑法虽然没有直接规定"破产欺诈罪"，但并非没有对破产欺诈犯罪的法律规制。2006年通过的《刑法修正案（六）》中，在原有第一百六十二条"妨害清算罪"之后增加了一条即"虚假破产罪"，该罪可以认为是我国刑法对破产欺诈犯罪的直接针对性规制。破产欺诈行为严重损害了债权人的利益，在我国，银行是企业很重要的债权人，而大量的银行债权资产被逃废债、贷款无法受偿，极大地破坏了市场经济秩序，进而动摇了经济领域应有的诚信原则，无疑为国家、社会和个人的发展埋下了安全隐患。破产欺诈犯罪是一种严重的经济犯罪，新增的虚假破产罪虽不能与之等同，但也会对惩治我国日益严重的破产犯罪发挥重要作用。

（四）积极的破产欺诈行为与消极的破产欺诈行为

这是以破产欺诈行为的表现方式进行的划分，一般而言，积极、主动做出一定行为的称为作为，消极、被动、怠于履行责任的行为称为不作为。在实践中，破产欺诈行为也会以作为或不作为的形式表现出来。因此，本书所讲的积极的破产欺诈行为的表现样态是作为，消极的破产欺诈行为的表现样态是不作为。作为不需要多说。对于不作为而言，一般认定一个不作为行为是否属于侵权行为，首要的判断是行为是否具有违法性，如对溺水的陌生人，路人并无救助的义务，若不施救，也不能追究路人的责任，所以不施救的行为并不涉及不作为侵权问题。在认定不作为欺诈之前，必须首先考虑该行为的作为义务来源，也即该欺诈行为的认定前提是行为人要负有某种特定的作为义务。史尚宽先生认为，行为人有作为之义务时，始为侵权行为。而何时有作为义务，不仅是基于法律的明确规定，亦可由公序良俗、由法律全体之目的精神推及。有学者认为，对于不作为侵权的义务来源，首先要强调法律规定，其次包括合同约定的义务。还有学者认为，随着社会的发展，已有的理论不能完全满足社会实践的需要，应当适当扩张作为义务的来源。

在对不作为破产欺诈行为进行研究时需明确的是，这里存在两个法律关系：一是破产债务人在破产前与他人之间存在债权债务关系，其作为该种关系中的债权人，放弃了应享有的债权。二是破产债务人在破产后与破产债权人之间的债权债务关系。破产债务人与破产债权人之间的债权，在设立之时目的各不相同，金钱给付、货物交付、提供劳务或技术均有可能，不论是什么类型的合同，均应当遵循合同履行的基本原则——全面履行与诚实信用。不作为的欺诈是对这两项原则的违反，违背了合同的附随义务。附随义务是基于诚信原则和交易习惯所产生的各种附随于主义务的义务。在履行中，债务人应当做出必要准备，履行使用方法的告知义务、重要事情的告知义务、忠实的义务，不应做破坏债权人期待的行为。因为债务人破产，债权人的债权本就可能得不到完全清偿，债务人破产前对其他债权的放弃明显是不忠实、破坏债权人期待的行为。对债权人而言，此时出现了违约责任与侵权责任的竞合。不但无法实现合同的设立初衷，亦存在自身财产权益遭受对方违约带来损失的可能性。

通常而言，大部分破产欺诈行为都是作为，是一种主动的侵权行为。当债务人发生破产原因，丧失了债务清偿能力时，其对自己的财产已经丧失了实际利益，财产将全部归属于债权人。此时，破产债务人往往会因追求经济利益而忽视了道德感与责任感，实施种种破产欺诈行为。如前述的欺诈性转让、偏颇性清偿、无偿或低价转让行为等，此类行为由其外部表现即可判断为作为，通常无法以不作为的方式达到欺诈目的。比较特殊的一类欺诈行为是放弃债权，我国《企业破产法》第三十一条也明确规定了这是一种可撤销的破产欺诈行为。放弃债权有积极的与消极的两种行为方式，也就是包括有作为的放弃债权行为与不作为的放弃债权行为。

积极放弃债权的行为强调债务人放弃行为的主动性，以作为的方式进行。例如，债务人撤销诉讼、放弃诉讼标的行为,通知自己的债务人放弃债权,与之签订免除债务的协议等。积极放弃债权的行为是一种无偿行为,因为此种情形下当事人主观过错较为严重、明显,所以无须证明当事人主观过错就可以由管理人对其所进行的无偿行为予以撤销。同时,由于交易相对人未支付任何合理对价,撤销一般不会对其财产或权益造成较大损害。消极放弃则通过不作为方式进行,破产债务人行为具有被动性。例如,债务人明知诉讼时效即将届满,而故意不采用积极手段,致使债权因超过时效而无法获得清偿;或者债务人不对支付令提出异议、不积极应诉,不及时进行诉讼抗辩,等等。债务人在有清偿能力的情况下放弃债权的行为并不违法,但在丧失清偿能力的情况下放弃债权,则会使责任财产减少,债权人可获得的清偿财产缩水,合法权益必将受损。《德国破产法》第129条第2款明确规定"不作为视同法律上的行为",不作为的放弃债权行为应当予以撤销。我国《合同法》第七十四条规定了合同保全中的债权人撤销权。我国《企业破产法》第三十一条规定了放弃债权的行为是可撤销行为。但破产实践情形往往较为复杂,为保护第三人利益,维护交易秩序稳定,同时维护诉讼时效制度的基本效力与实施,应具体考量债务人消极放弃债权行为的实际情况。因为破产债务人对其债权超过诉讼时效的行为,可能是基于破产欺诈所为的消极放弃行为,但也极有可能仅是出于非重大过错的疏忽,在这种情况下若法律将消极放弃债权行为都规定为可撤销行为,则不尽合理,起码应当给予债务人举证机会,证明其消极放弃债权并非恶意。

我国《企业破产法》对破产欺诈行为采用列举方式加以规定,将不同性质的无效行为与可撤销行为予以分立,并依据破产欺诈行为的具体表现不同,规定长短不一的临界期,且设定了例外情况。但是,列举规定的模式虽然比较清晰,但由于没有兜底条款的概括规定,仍存在不周延的情形。同时,由于我国法律没有将破产欺诈行为依据构成要件、表现特征加以抽象,难免会在实践中认定破产欺诈行为时出现遗漏。本书将破产欺诈行为划分为上述四种类型,主要是为了将更多的实践中的破产欺诈行为囊括在内,且根据不同的行为类型,有针对性地予以防范制裁。

例如,事前破产欺诈行为与事后破产欺诈行为的划分:绝大多数破产欺诈行为均发生在破产申请之前,无论是偏颇性清偿抑或是欺诈性转让,实施主体是债务人,具体即为能够掌握和决定企业生产经营策略与实际运营走向的董事、经理等高级管理人员。对此类破产欺诈行为,首先要重视预防主体的违规行为;其次要善用破产撤销权消弭欺诈行为的影响;最后要以完善的民事、刑事责任追究减少破产欺诈行为乃至犯罪的损失。对于事后破产欺诈行为,行为主体除了债务人及相关人员之外,还包括破产管理人。行为方式不是直接处置财产,而是以违背义务的方式进行诈欺,损害债权人利益。由于此类行为发生在破产程序开始之后,且行为主体还包括破产管理人,因此对其进行预防就侧重严格监督环节,特别是应妥善移转、保管有关财务账册。

又如,积极的破产欺诈行为与消极的破产欺诈行为的区分。此类型的划分主要是考虑到不作为的隐蔽性,虽然消极的破产欺诈并非破产欺诈行为中的主流,但将其与积极行为进行比对单列,有利于严密法网、防止疏漏,更好地保护破产债权人的合法权益。

再如,破产法直接规制的破产欺诈行为与其他法律部门规制的破产欺诈行为的区分。这也是考虑到虽然破产法是规制破产欺诈行为最主要的法律规范,但若脱离了民商事法律体系的系统规制,特别是刑法对破产欺诈犯罪的制裁,无疑无法切实惩治破产欺诈行为。

最后,损害全体债权人权益的破产欺诈行为与损害部分债权人权益的破产欺诈行为的区分。前文以损害全体债权人权益的欺诈性转让与损害部分债权人权益的偏颇性清偿为例,分析论证了二者的区别。若以欺诈行为的发生时间为划分标准,此两种行为均属事前破产欺诈行为。之所以又从不同角度将其另行类型化再加以分析,最主要的原因是偏颇性清偿中破产债务人与个别破产债权人之间早已存在债权债务关系,使得交易的欺诈性更为隐蔽。特别是当债务人与作为债权人的相关人之间进行交易时,由于二者之间有业务或家庭等的亲近关系,因此交易更加容易进行且欺诈意图更难以证明。而此类使部分债权人受益其他债权人受损的破产欺诈行为,严重违背了破产法的公平清偿原则,要特别加以重视。

第四节　破产欺诈行为的法律规制

完善的破产欺诈法律规制体系要求预防、控制、惩治三位一体。当行为人已经实施了破产欺诈行为,那么,法律要考虑的即为采取何种限制性措施来遏制行为的继续,如何有效阻止行为发生损害的后果。

首先,破产撤销权的适用应予以强化。例如在《英国破产法》中,如果某交易或财物移转不公平地损害债权人整体利益的话,那么制定撤销该交易的规则就是破产法最重要的目标。行使破产撤销权,可使债务人实施的损害债权人利益的行为丧失效力,归于消灭,通过恢复、保全债务人的责任财产来实现破产财产在全体债权人之间的公平分配,能够保障实现破产法立法宗旨,维护诚实信用原则与社会经济秩序,各国破产法中破产撤销权制度均占据重要地位。

其次,法人人格否认制度应予以善用。公司股东或相关人、关联公司利用法人人格独立和股东有限责任进行破产欺诈是实践中的普遍现象,而利用法人人格否认制度可要求滥用公司独立人格损害债权人利益的股东承担其应有的责任,能够有效遏制破产欺诈行为,最大限度地补偿债权人的损失。

再次,应考虑引入衡平居次原则。《美国破产法》第510条(c)款规定,尽管存在本条(a)款和(b)款的规定,但是在经过通知和听证后,法院可以根据衡平居次原理,将参与分配的一项被认可的债权全部或者部分居次到另一项被许可的债权的全部或者部分之后,或者将参与分配的一项被认可的利益的全部或者部分居次到另外一项被认可的利益的全部或者部分之后;命令任何担保该从属债权的担保物权转入破产财团。该原则是为了救济不公正和不公平的结果而在破产程序中改变不同债权人之间清偿顺序的一种方法。在关联企业关系中,控制企业对从属企业的债权与从属企业的一般债权不同,当从属企业破产时,是否应控制企业的债权及应如何限制,涉及破产程序债权人利益能否公平实现。

最后,破产免责制度的实施应附有严格的条件。破产欺诈的肇因之一即为破产债务人滥用破产免责权利。各国破产法一般都规定了涉及破产欺诈的行为人不予免责的制度。我国《企业破产法》尚未规定自然人破产,所以也没有建立破产免责制度。但自然人破产是我国未来破产法的立法走向,我国破产法应对此问题加以关注,这也是完整的破产欺诈法律规制体系的要求。

一、强化破产撤销权制度

(一)破产撤销权与破产欺诈行为的限制

1. 破产撤销权的基本内涵

破产撤销权是基于民法撤销权的原理而产生的。民法撤销权是一种形成权,即享有撤销权的当事人能够通过自己单方面的意思表示使民事行为的效力归于消灭。我国《民法通则》规定了可变更、可撤销的民事行为，但并未规定债权人的撤销权。《合同法》第十八条规定了要约的撤销，第五十四条规定了表意不真实法律行为的撤销，第七十四条规定了债权人的撤销权。根据我国相关法律规定可知，债权人的撤销权作为债保全的一种方式，是指当债务人实施低价处分财产或者无偿处分财产，以及债务人主动放弃对第三人所享有债权的行为，当这些行为损害债权人的债权时，债权人可依法请求法院撤销债务人所实施的低价、无偿或主动放弃债权的行为。破产撤销权与之类似，但依据破产法的规定，破产撤销权又有其特殊之处。一般认为破产撤销权由债务人财产的管理人所享有，当债务人在破产申请受理前的法定期间内，实施损害全体债权人公平清偿权的行为或者其他欺诈债权人的行为时，则债务人财产的管理人有向人民法院申请对前述行为予以撤销的权利。

破产撤销权这一制度设计一方面符合商业运作活动规律的要求，另一方面又充分体现出法律所追求的主体之间的平等，能够促进破产法平等分配原则的实现。基于此，在各个国家破产法中一般都规定有撤销权制度。只是由于各国法律文化传统不同，在具体称谓方面不尽一致。如《日本破产法》将其称为否认权，我国《企业破产法》将其称为破产撤销权，而英美法系国家由于对财产权与财产法的理解同大陆法系不同，因此英美法系国家不是从权利角度设立该制度，而是从交易效力、结果出发，将其称为可撤销交易制度。我国修订前的破产法在撤销权具体法律规制方面存在相当大的瑕疵，当时相关的法律规定不但没有起到遏制破产欺诈行为的效果，反而对于债务人来说，破产已不是威胁，而是一种诱惑。《企业破产法（试行）》在撤销权规定方面的瑕疵与不当之处主要体现为，对于撤销权行为类型列举过于简单，时效期间规定不合理，对有关破产违法行为定性不清（当然，在民商法领域中，有关撤销权的性质本来就存有争议），以及缺乏相应法律责任的规定。我国《企业破产法》针对前述弊端，在第三十一条中较为详细地列举了五类行为属于可撤销行为。这些行为从债法以及破产法原理来看，都是为了实现破产公平分配原则，为了保护债权人合法权益而对债务人不当的财产处分行为予以限制，从时序角度而言是一种对债务人的事后法律规制，以恢复破产财产原状为目的进而实现法制所追求的基本公平、正义。这五种可撤销行为发生在债务人在法院受理破产申请前1年内的，管理人有权请求人民法院予以撤销。第三十二条规定了个别清偿行为的撤销，个别清偿行为发生在人民法院受理破产申请前6个月内的，管理人可行使撤销权，但是个别清偿使债务人财产受益的除外。此时，管理人必须向人民法院提出请求而不能径行向债务人追讨，该权利的行使以启动诉讼程序为必要。破产撤销权法律规定完善的一个重要方面是，需纠正原破产法有关破产撤销权法律责任缺失的弊端，《企业破产法》第一百二十八条对此予以了补充完善。只是对是否构成破产欺诈并不以行为的发生时间为认定标准，在破产程序开始之前或之后均可能存在破产欺诈行为。对其中规定的"损害债权人利益"，尚需要相关司法解释予以进一步明确。因为从广义角度而言，所有可撤销行为本身都具有损害债权人利益的特质，所以在实际破产法律解释适用过程中，就存在损害债权人利益这一要件要求如何认定的问题。

2. 破产撤销权的功能

破产撤销权制度源于破产宣告不溯及主义。此种立法主义以《德国破产法》为代表，为大多数大陆法系国家所采用。按此主义的要求，从法律效力角度而言，破产宣告仅对其做出之后的行为发生法律效力，但对在破产宣告做出前的行为不具有溯及力。由此易产生如下弊端，即破产债务人在明知破产宣告即将或可能做出之前，故意转移财产，或对少数债权人进行不符合破产法要求的不公平清偿。为此，各国破产法中都通过规定否认权或者撤销权制度，来"修正"因此可能造成的对债权人的不公问题。当债务人陷于资不抵债、濒临破产的境地之时，一些人不愿将全部财产用于清偿债权人，而想方设法在破产案件受理前通过欺诈性转让、偏颇性清偿等方式逃避债务，损害债权人利益。为了防止债务人进行破产欺诈行为，使其诚实履行债务责任，有必要对债务人不当处分财产的行为予以规制。设置破产撤销权的目的是恢复、保全债务人的责任财产，实现破产财产在全体债权人之间的公平分配。破产宣告后，破产人丧失了对其财产的占有支配权，破产财团的管理处分权利专属于破产管理人。此时若发现破产人在法定期间内实施了法律所不允许的侵害债权人合法权益的行为，破产管理人可要求法院撤销该民事行为。这会使债务人的有害行为因被撤销而丧失效力，被处分的财产或权利由管理人收回或恢复，最终归于破产财产，对全体债权人予以清偿。

破产法之所以设置破产撤销权制度，是由于债务人和债权人之间存在信息严重不对称，特别是当企业失去或可能失去清偿能力的情况下，债务人极易实施破产欺诈行为损害债权人利益。因此，法律赋予破产管理人撤销不当行为的权力，纠正和救济这一不公平行为。破产撤销权的功能主要有三方面的体现：

第一，避免债务人财产流失。由于债务人濒临破产时通常会经过一段时间的财务危机，其往往会选择实施欺诈性转让、偏颇性清偿、个别清偿等不当处分财产的行为以求逃避债务、渡过危机。这些行为违反了诚实信用的商业理念，在客观上也使债务人在破产案件受理后享有的财产利益减少。而破产管理人行使破产撤销权,会使债务人的先前行为归于消灭并追回财产,使得债务人的财产得以维持,进而使债权人获得更大程度的清偿。

第二,保证债权人公平分配。破产财产分配是指将破产财产按照法律规定的债权清偿顺序和案件实际情况决定的受偿比例向债权人进行清偿的程序。破产欺诈行为往往会改变债权人获得清偿的债权数额或者其优先序位,进而改变债权人进入破产程序后的清偿顺序。例如,获得偏颇性清偿的个别债权人,不必与其他债权人一起参与破产程序中债务人优先财产的集中分配,因此其可规避或减少破产程序中可能出现的债权清偿损失。该债权人的债权得到清偿使得债务人财产减少,降低了其他债权人可获清偿的整体水平,造成了不公。破产撤销权可避免该种情况发生,实现破产程序中的公平分配。

第三,确定债务人行为标准。破产撤销权明确列举了各种可撤销行为,为债务人的财产处分行为划分了警戒线,使其知晓行为的合法与违法,避免实施不必要的无效交易或可撤销交易。破产撤销权制度的存在,可以明确债务人行为的效力。一方面可以抑制债务人的不当行为动机;另一方面还可以警示交易对象注意与陷入困境的债务人交易时的破产法影响,增强其抵制债务人不法交易的自觉性,从而减少债务人破产欺诈行为发生的可能性。

3.破产撤销权制度与破产无效制度的区别

破产撤销权制度与破产无效制度发挥着相似的功能,均是从保护债权人整体利益出发,将债务人行使的危害债权人利益行为的效力归于消灭,保证破产财产的价值最大化以及债权人能够得到公平清偿。二者在功能上并无本质区别,之所以会出现不同的法律调整手段,主要源于各国在此问题上奉行不同的破产立法主义——溯及主义与不溯及主义。不溯及主义以德国法律为代表,按照此种破产宣告不溯及立法主义要求,从法律效力角度而言,破产宣告仅对其做出之后的行为发生法律效力,但对在破产宣告裁定做出前的行为不具有溯及力。破产立法溯及主义则以英国法律为代表,该立法主义认为破产宣告裁定做出后其效力不仅及于之后的行为,而且对于破产人在该裁定做出前,特指破产原因已产生之时的阶段内,也具有相应法律约束力。对此有学者认为,不溯及主义总体而言容易使得破产债务人在明知破产宣告即将或可能做出之前,故意转移财产,或对少数债权人进行不符合破产法要求的不公平清偿。而溯及主义能够使债权人得到较为有利的法律保护,弊端是易使与债务人进行交易的当事人的行为效力与结果处于不确定状态,不利于商事社会交易秩序的稳定。至于我国《企业破产法》所规定的无效行为,其范围与破产撤销权的行为范畴不同,在任何时候均属无效,同那些采纳破产溯及立法主义国家所称的破产无效行为性质不同。考察我国有关法律规定,目前我国《企业破产法》实质采用的是无效行为与撤销权二元并存的立法模式。

《企业破产法》第十六条、三十三条规定了破产无效行为。破产无效行为制度是民法上无效行为制度的延伸,是在债务人无力偿债或者即将无力偿债的情况下,对于债权人对债务人财产的公平清偿合理预期的保障。对提出清算申请的无担保的债权人而言,最大的危险在于当债务人意识到清算不可避免时可能会试图耗尽其资财。因此,为保证公平清偿原则得到贯彻,保护债权人利益不受债务人恶意行为侵害,应根据《企业破产法》的规定认定其所从事的一些财产处分行为在法律效力层面为无效。无效行为即指在法律上确定不发生效力,当事人之间的权利义务关系不存在。《企业破产法》第三十三条规定了两种无效的欺诈行为:"(一)为逃避债务而隐匿、转移财产的;(二)虚构债务或者承认不真实的债务的。"至于该类破产欺诈行为追诉时效期限,法律没有进行规定。同时根据《企业破产法》第十六条的规定可知,若债务人对个别债权人债务进行清偿,但该清偿行为发生于法院已受理破产申请后的,则该清偿行为无效。破产无效行为的无效为自始无效,不会因当事人的承认、除斥期间、诉讼时效或者无效原因的消灭而成为有效,而且任何人都可以主张,法院也可以主动认定破产行为无效。根据《企业破产法》第三十四条的规定,对于无效行为而取得的债务人的财产,管理人有权追回。因为主张此类行为无效并不以司法裁判为条件,所以管理人可以提起诉讼或者直接向因无效行为取得财产的第三人行使追回权。若诉讼外追回不能,也可向人民法院起诉。

破产无效行为与破产撤销权功能虽然相同,但权利行使的主体、行为范围及行为的效力均有所差别。第一,破产无效行为的行使主体更为广泛,对绝对无效的法律行为,任何人均可主张其无效;对相对无效的法律行为,当事人中享有相应权利者可主张,法院也可主动进行审查。破产撤销权的行使主体为破产管理人。第二,破产无效行为的范围较为狭窄,一般限于法律行为,而破产撤销权指向的行为范围比较宽泛,对债权人整体利益有害的行为均可撤销。第三,破产无效行为没有除斥期间或诉讼时效限制,是自始无效的行为。破产撤销权行使之前,行为有法律效力,如果经过了除斥期间则权利人无法行使撤销权。

因为无效行为没有临界期规定,也没有除斥期间或诉讼时效的限制,所以在任何时候都可认定无效行为,行使财产追回权。但根据我国《企业破产法》第一百二十三条的规定,破产无效行为的追回权时限仅是破产程序终结后的两年。若按照规定的文字含义，如果破产债务人成功隐匿、转移财产，在破产程序终结两年之后仍未被发现的，该财产即转变为其合法财产，债权人无法再行追回，这显然是不合理的。另外，依据我国《企业破产法》的规定，破产程序终结的事由包括六种，分别是重整计划执行完毕（第九十四条），人民法院裁定任何和解协议（第九十八条、第一百零五条），债务人有不予宣告破产的法定事由（第一百零八条），债务人财产不足以清偿破产费用（第四十三条），破产人无财产可用分配（第一百二十条第1款）以及破产财产分配完毕（第一百二十条第2款）。可是考察立法关于追回财产的破产程序终结方式可知，规定的范围显得偏窄而不利于保护债权人的利益。目前我国《企业破产法》所规定的破产程序终结方式有债务人无财产可供分配、财产分配完毕或者财产不足以清偿破产费用，事实上在其他原因致使破产程序终结后，也可能存在并出现之前未被债权人所察知的无效行为，这需要未来修订破产法时予以进一步斟酌、完善。

（二）破产撤销权的立法规定比较与制度反思

1.破产撤销权的立法规定比较

（1）联合国《破产法立法指南》。联合国《破产法立法指南》第二部分"撤销程序"中谈及了撤销规定的威慑效果，可防止债权人在即将破产之前寻求个别救济。在破产时交易一般可予撤销，以防止欺诈；坚持全面执行债权人的权利；防止偏袒，即防止债务人希望某些债权人得利而牺牲其他债权人的利益，以确保所有债权人得到公平待遇。关于破产撤销权的具体标准，《破产法立法指南》根据各国破产法的不同规定，可以区分总结为两大类，即客观标准与主观标准。

所谓客观标准，是指在决定是否撤销相关当事人交易时，主要依据某种客观统一的标准来予以决定。破产撤销权客观主义立法标准更多的是对典型破产撤销权行为的总结与归纳。例如，交易发生的时间或者交易当事人之间是否存在某种特殊关系等。对比主观主义立法标准，客观主义标准能够较好地实现对于破产撤销的确定，以及最终司法适用、案件裁判结果的相对统一。只是单纯依据某种抽象的客观标准，则对于实际破产案件中可能存在的违反公平清偿原则或其他破产法理、原则的行为有所疏漏，使那些本应撤销的行为因缺乏法律依据或客观认定标准而无法撤销，不利于周延保护债权人利益。

所谓主观标准，是指在决定是否撤销交易即否定相关当事人交易行为效力时，应坚持考量具体案件事实以及相关当事人的主观标准。破产撤销权主观主义立法标准要求建立在具体个案事实上,它赋予法官及司法裁判者更多的自由裁量,因而对法官素质要求较高。同时主观标准主义亦使得在实际破产撤销权司法适用过程中,必然出现个案理由与裁判结果难以统一。虽然主观主义标准需对交易当事人的主观意图加以考虑,但任何内心意思一定要有客观化的标准来进行判定。在破产撤销权立法或司法中,可能涉及的客观化因素有交易的结果,交易时各方当事人具体的财务状况,特定当事人在以往类似交易时遵循的惯例,以及交易成本风险分配的合理性,等等。同时需要明确,由于主观标准难以确定和证明,《破产法立法指南》提出应"综合各种要素"考虑撤销标准。很少有破产法仅依赖主观标准作为撤销规定的依据,这些法律一般连带考虑肯定发生过交易的时间段。有些法律最近采用了短期嫌疑期(例如 3 至 4 个月)这种严格的客观做法,在某些情况下,在采用短期嫌疑期时还同时实行一些任意规则,即在该时间内发生的所有交易都有嫌疑,除非交易的当事方之间在大致同一时间内相互交换了价值。此外,短期嫌疑期可用于推定债务人或接受转让的人或两者对破产的必要意图有所了解,这种推定可凭适当的证据加以反证。

由前述分析可见,无论是采取主观标准还是客观标准进行破产撤销权立法,都存在难以避免的弊端。因此,《破产法立法指南》本身也建议采用主观主义与客观主义相结合的标准来进行破产撤销权相关立法,既要考虑主观标准中的客观因素,又要考虑客观标准中针对个案事实进行灵活处置。总之,《破产法立法指南》认为,对可撤销行为的标准或要件加以统一规定十分困难,各国需根据其立法政策或目标予以调整。不论采取什么标准,破产法都应当试图在个别的债权人利益与破产财产的利益之间取得平衡。《破产法立法指南》提出可撤销交易应当包括三类:旨在挫败、阻止或拖延债权人的交易,压价贱卖的交易,特惠交易。

(2)英国、美国、德国、日本、法国等国的破产法。《英国破产法》在第五章"对先前交易的调整"第 238 条、239 条、242 条、244 条、245 条、247 条规定了有关欺诈债权人的"低价交易""优惠性交易""无偿转让""勒索性信用交易""某些浮动抵押"的无效和撤销。《美国破产法》中破产托管人撤销权的基础为强臂权,其原理在于身份拟制或者说类似于推定信托的救济方式,即通过身份拟制,在法律拟制、假定破产托管人具备某种身份后,就可以行使破产撤销权。此类拟制性的身份包括无担保债权人、担保债权人以及善意购买人等,在赋予拟制身份后,他们可以撤销《美国破产法》第 544 条、545 条、546 条、547 条、548 条中规定的偏颇性清偿和欺诈性转让行为,以及第 549 条规定的破产程序开始以后的转让行为。《德国破产法》第三章专门规定了

"与支付不能有关行为的撤销"，其中第 129 条类似于总则性规定，要求对于那些由于支付不能而使得债权人利益受损的行为，若该行为是在支付不能程序前实施的，那么破产管理人可以依据该破产法相关的条文规定，撤销这些行为。第 130 条至第 146 条对典型可撤销行为进行列举，考察这些行为的性质与类型，大都属于典型民商事交易行为，由于这些行为在破产程序进行时，损害债权人利益并破坏公平清偿的基本破产法原则，例如无偿给付、不同等偿付行为、故意损害债权人利益行为等，因此属于可撤销行为范畴。第 147 条规定了对"破产程序开始以后法律行为的撤销"。《法国商法典》第六卷"困境企业"第 2 编第 1 章第 3 节中规定了"无效和可撤销的行为"，其中无效行为主要包括无偿交易行为、义务负担过重行为、提前偿付未到期债务行为、支付方式不当行为、不当款项存放行为、不当担保行为等。可撤销行为主要是指特定期限内的无偿支付行为，以及特定期限内交易相对人明知不当支付事实而从事的交易行为，法庭可以予以撤销。《日本破产法》将破产可否认行为规定在第 160 条至 165 条，破产管财人可撤销的行为包括：损害破产债权人利益的行为、执行行为、个别清偿或担保行为等。以上行为在时间范围上同时包括发生在停止支付或提出破产程序开始申请以前和以后的行为。

（3）国外立法的特点。联合国《破产法立法指南》虽然认为对可撤销行为的标准或要件加以统一规定十分困难，各国需根据其立法政策或目标予以调整，但仍指出破产法应具体指明对撤销交易至关重要的交易特点，提出"旨在挫败、阻止或拖延债权人的交易""压价贱卖的交易"以及"特惠交易"应予以取消。英国和美国的破产法中更是明确划分了破产欺诈行为的类型及构成条件，扩大了可撤销行为的范围，使其在实践中能够更好地得以认定。英美法系国家判例法的传统也在破产法中有鲜明体现，其通过判例确定的一系列规则在控制破产欺诈行为方面发挥了重要作用。例如由美国最高法院创设的"揭开公司面纱原则""衡平居次"原则等。大陆法系国家在立法模式方面与英美法系国家不同，由于法律文化、历史传统的影响，其更注重对破产撤销权的精准概括与高度抽象。在此基础上具体做法也各有特色，法国破产法中采用了列举方法，一并规定了无效、可撤销的破产欺诈行为类型。同时，为给债权人利益以平等及最大限度的保护，还设定了嫌疑期制度。德国破产法则采用了概括加列举模式，在破产法第三章第三节"因破产而提出的撤销"中做出了规定。

总体而言，各国破产法对破产撤销权的规定主要有以下特点：第一，尽可能多地囊括破产可撤销行为种类或类型，予以详细的规定；第二，破产程序开始之前与之后的行为均可撤销；第三，对于破产程序开始之前行为的临界期，各国根据行为的性质进行了不同规定,有的行为期限较长甚至没有期限。如德国破产法规定的临界期最长为 10 年,日本破产法对故意损害债权人利益的行为没有规定临界期。

2.对我国破产撤销权制度的反思

我国《企业破产法》对破产撤销权制度的规定是一大进步,但对于破产欺诈行为的法律规制,与国外立法相比较,仍有如下一些不足之处。

(1)临界期规定僵化。我国破产撤销权临界期分别规定了 1 年和 6 个月,并未严格区分可撤销行为的不同类型,也没有考虑到关联交易的影响。可撤销行为虽然有多种表现形式,但不同行为的主观恶意、危害程度也不尽相同,而不同情形同样对待显然不够公正。如无偿行为对债权人的利益损害较为严重,所以对无偿行为的撤销期间,有些国家破产法律中规定得较长。例如,《德国破产法》将无偿行为的撤销期间限定为破产程序开始前 4 年内,而其他危害性较小的行为临界期为 3 个月。对于故意损害债权人利益的债务人行为,则规定了 10 年的临界期,《日本破产法》甚至没有临界期的规定。另外,在关联交易中,多数国家考虑到关联关系人的特殊性,规定了较长的临界期。如《美国破产法》根据优惠交易针对的是一般人还是关系人,规定了申请破产前 90 日与 1 年的不同期限。《德国破产法》对于不同等偿付行为,交易对象是一般人的,分情形规定了 1 到 3 个月的临界期;交易对象为与债务人关系密切的人,临界期则为 2 年。

(2)破产可撤销行为范围狭窄。我国《企业破产法》第三十一条以列举的方式指出 5 种可撤销的破产欺诈行为,第三十二条规定了一种个别清偿行为,并没有一个概括性的"兜底"式规定。既不同于德国法律中的概括加列举,也不同于美国法律中的类型化规定。在此种立法模式之下,极易出现可撤销行为种类不周延、不全面的情形。例如,对于无偿转让财产行为,实际上,在现实经济生活中该行为表现类型多样而并非仅限于无偿赠与。此外,例如主动免除债务、放弃债权、逾期债务清偿、撤回诉讼等都可以纳入无偿转让财产行为范畴。仅将无偿行为局限为"转让"一种显然过于狭窄,各国破产法立法通常不以列举方式来规定无偿行为的范围,而是对各种无偿行为均予以撤销。另外,对于合理赠与的问题我国《企业破产法》并未涉及,有学者指出我国应借鉴各国立法之规定,将其排除出可撤销范围之外。

(3)破产撤销权行使机制待完善。与英美法系国家不同,大陆法系国家对于权利乃至权利行使、救济的立法模式更强调事先预设。因此,大陆法系国家的相关法律规定时常显得过于刻板、僵硬。破产撤销权作为债权人所享有的权利,其本质实为保障、救济性权利,内容固然重要,但为了真正实现该权利,有关破产撤销权的行使机制也必须予以考虑和完善。根据我国《企业破产法》第三十一条的规定，我国破产撤销权是以诉讼方式来行使的，原告是管理人。债权人是否具备原告资格，《企业破产法》中没有规定，理论与实践中争议也比较大。有学者认为，在破产程序中应综合运用民法中的撤销权制度，当其与破产撤销权重合时，优先适用破产撤销权；若不发生重合，如适用对象不同或超过破产撤销时效，则可单独适用民法撤销权，也即债权人可向法院起诉。有学者认为，撤销权由管理人行使是立法明文规定，个别债权人直接行使撤销权的行为无益于破产程序的顺利进行。在破产程序终结后两年内，债权人可以请求人民法院对可实行撤销权的财产追回，这亦在法律中有明确规定。撤销权诉讼的被告，《企业破产法》未予明确，亦存在不同主张，有观点认为仅是债务人，有观点认为相对人亦可成为被告，也有观点认为在有给付之诉时，可以受益人或转让人为被告。而对于撤销权行使的法律后果，我国《企业破产法》亦未规定，需借鉴其他国家和地区的立法在法律中加以明确。

（三）破产撤销权制度的完善

各国破产法都有一项重要的制度功能，即遏制破产欺诈。我国《企业破产法（试行）》缺少对破产欺诈行为的法律规制，立法目的没有突出对债权人的利益保护。《企业破产法》虽然认识并纠正了这一问题，但也存在一些不足与待完善之处。健全破产撤销权制度，对于惩治破产欺诈、维护破产财产，实现债权人集体偿债利益最大化具有重大的现实意义。本书认为，从限制破产欺诈行为的角度分析，我国破产撤销权制度应从以下几方面完善。

1.以概括加列举的方式规定可撤销行为，拓展其范围

我国《企业破产法》采用的是严格的列举主义，该种模式虽然较为清晰明确，但最大的问题在于范围狭窄，且有时形式上符合法律规定的行为不一定不会对债权人利益造成损害。例如，面临破产的债务人可能通过上诉中的和解或裁决中的和解来偿还债务，此种行为超出了第三十二条规定的个别清偿行为范围。而该行为形式上合法，却仍旧会对其他破产债权人利益造成损害。《德国破产法》对可撤销行为的概括规定值得借鉴，先原则性规定"在支付不能程序之前实施的、并且使支付不能债权人受到不利益"的行为可撤销，再对可撤销行为予以具体列举，这无疑扩大了可撤销行为的范围。我国《刑法修正案（六）》对"虚假破产罪"的规定采用了概括加列举的方式，一方面概括规定各类转移、处分财产的形式，若造成损害债权人或他人利益的严重后果，可能构成虚假

破产罪；另一方面又列举了承担虚构债务等两种典型虚假破产行为类型。此种立法模式可以为未来我国破产法的完善提供借鉴，若破产法中也以此种方式对可撤销行为加以规定，可使法律能够得以灵活运用，更好地打击各类破产欺诈行为。

2. 明确可撤销行为的构成要件，应考虑对债务人的利益保护

我国《企业破产法》没有概括性规定条款，可撤销行为的一般构成要件也无从谈起。而构成要件的明确，可以弥补列举式法律规定的不周延。债务人的可撤销行为通常是在其已经发生破产原因的情况下进行，有侵害债权人利益的客观后果，并可以推定具有欺诈或偏袒性清偿的不公平性质。因此，可撤销行为的一般构成要件应当包括客观要件和主观要件两方面内容。

（1）客观要件。首先，债务人损害债权人的行为持续有效存在。损害债权人的行为可从责任财产是否减少与有无部分债权人得益、其他债权人受损两方面考量。而这一有害行为应是有效行为，且危害性于撤销权行使时仍然存在。若该行为未成立、无效或嗣后失去效力，则均无行使撤销权的必要。其次，有害行为发生在法定临界期内。当破产管理人接管破产财产之后，债务人失去了财产的控制权，其对财产实施任何行为均属无效。我国规定了人民法院受理破产申请前6个月和1年的临界期。相较于其他国家，我国的临界期规定仍显僵化，不同的可撤销行为应有不同临界期，对于恶意、严重损害债权人利益的行为应规定更长的临界期。

（2）主观要件。即破产撤销权的成立是否要求行为人主观上有恶意。对此各国立法规定不一。有的国家不要求行为人的主观要件，如《美国破产法》。有的国家如德国、英国，则认为债务人尤其是交易相对人和转得人在主观上有无恶意，直接影响其行为是否可撤销。《德国破产法》第145条规定，可以主张行使撤销权的行为之一就是，交易相对方明知与之交易的人之前行为存在可撤销事由，或者是以无偿方式取得物的。我国《企业破产法》没有规定撤销权的主观构成要件要求。破产可撤销行为与破产欺诈行为并不相同，前者包括后者。而由于破产可撤销行为种类繁多，行为性质不尽相同，既包括存在主观恶意的诈害行为，也包括虽然损害了债权人利益，但并不具有主观恶意的行为。因为主观要件并非所有可撤销行为的共同要件，所以在破产可撤销行为的一般构成要件中，不应有主观恶意要求。

3. 建立破产撤销权行使机制

建立破产撤销权行使机制主要应包括以下几方面内容：

（1）破产撤销权主要由管理人通过诉讼方式行使。我国《企业破产法》规定撤销

权的行使主体是破产管理人，破产管理人可以直接主张行使撤销权追回财产，其权利主张对象是可撤销行为的相对人。如主张权利要求无法得到满足，则可向人民法院请求撤销。《日本破产法》第76条规定，否认权由破产管理人以诉讼或抗辩行使。对于撤销权之诉的被告，存在不同观点，包括受益人说、受益人或转得人说、行为当事人说、债务人和受益人说等。我国《企业破产法》对此未加以规定。本书认为，行使撤销权的目的有二：一是确认行为无效，二是追回财产或权利。因此，破产撤销权诉讼应为确认之诉与给付之诉的合并。若可撤销行为是债务人单方行为，则债务人为被告；若可撤销行为是债务人与相对人共同为之，则以二者为共同被告。

（2）明确破产撤销权行使期限。关于破产撤销权的行使期限与时间，可以分为破产程序中与破产程序终结后两个阶段。其中在破产程序终结后，根据我国《企业破产法》的规定，债权人在3年内可以向法院请求行使该权利；若可撤销情形发生在破产程序中，则有权主体任职后随时可以行使撤销权。本书认为，同我国《合同法》第七十五条规定的撤销权行使期间性质一样，破产撤销权的上述行使期间规定应为除斥期间。但究竟行使期间为何，还有待司法解释的进一步明确。

（3）撤销权的行使效果。《日本破产法》第167条规定，否认权的行使，使破产财团恢复原状。《德国破产法》第143条则规定，破产撤销权行使效果包括：首先，如果可撤销交易行为属于对待给付的，若该给付在破产财产中能够进行区分的，则应返还对待给付，或者以破产财产因交易所得增值部分为限，予以返还。其次，交易相对人返还原物，其与债务人之间的债权得以恢复。我国法律没有规定破产撤销权行使的后果，但从其行使目的可推知法律后果，即因违法行为被撤销而使相对人恢复相应权利。而根据债务人实施行为的不同，法律后果会有不同表现。

①债务人的给付行为被撤销。债务人无偿转让财产的，该行为无效，被转让的财产应追回并入破产财产之中；债务人提前清偿债权的，该清偿无效，相对人应返还财产，且作为债权人参加破产财产的分配；对那些虽进行有偿支付但交易对价明显不合理的交易行为，当该交易行为被撤销后双方负有相互返还义务。如果债务人由于自己的过错导致无法返还或原物灭失的，此时相对人可被视为破产人的债权人，通过申报债权方式加入破产债权人行列。

②债务人的免除行为被撤销。债务人的免除行为主要指放弃债权或放弃债权担保等情形。当债务人免除行为被撤销后，放弃债权行为自被撤销时无效，债务人仍应继续向破产人履行债务。同理，免除行为被撤销后担保人应当继续对破产人的债权承担

担保责任。

③债务人的财产由相对人转移给第三人的,是否撤销依第三人的主观状态有所不同。如果第三人取得财产的方式是无偿取得,或存在其他明显恶意的情况下,可以要求其返还原物,若原物毁损灭失的,则应当赔偿损失或就其交易所得包括利益一并返还。若第三人在进行交易时的确不知情且出于善意,则为了维护善意第三人合法的正当利益,不能请求其返还财产或赔偿损失。

二、善用法人人格否认制度

(一) 公司法人人格制度与破产欺诈行为的关联

公司作为一种拟制人,看不见,摸不着,以法律的认可而获得独立的存在。因为公司仅为法律的产物,所以它仅拥有公司章程授予它的那些特征。公司法人制度的本质特征在于其具有独立人格,所谓公司法人人格是指公司具有权利能力和行为能力,依法独立享有民事权利和承担民事义务。其独立人格不仅表现为公司人格与组成公司的成员人格相互独立,而且表现为拥有自己独立的财产,从而构成其独立人格的物质基础。公司独立人格要求具备独立财产,同时该独立财产通过公司运用、支配,以及用于担保公司自身所负担的债务,又反之进一步巩固与彰显公司的独立人格。至于股东,则是以其出资为限对公司承担有限责任。公司法人人格独立制度确立了股东、债权人分担风险和收益合理分配的方式,出资者和债权人各自放弃一定利益,二者之间设立了一道屏障,实现投资者和债权人利益共享的两级平衡,是公平价值的体现。但是,正因为公司人格独立,股东承担有限责任,所以对经济生活产生了不小的负面影响,致使这一制度本身也成了一把双刃剑——在保护诚实守信的经营者的同时,也庇佑了欺诈贪婪的舞弊人。英国1855年的《有限责任法》议案提交讨论并获得普遍赞誉的同时,《法律时报》却将其称为"无赖特许状"。曼彻斯特商会则宣称,该法案实质上破坏了早期存在的浓厚人身信任色彩的合伙制,尤其是合伙人相互之间所负担的责任、信任与道德。公司与股东的利益并不总是高度一致的,公司不允许股东通过损害公司利益满足其自身需求,但具有独立人格的公司需要具体的个人来运行,也即通过控制股东的指令来开展公司各项活动,个人意志将不可避免地掺杂于公司活动当中。若欠缺适当的对应性制度安排,股东在强有力的自利动机支配下，容易从事各类违法或其他损害市场交易秩序的行为。在这些不当或违法行为中，控股股东滥用法人人格进行各类欺诈行为并不罕见，其中与破产欺诈相关的最为常见的即是利用公司人格从事逃避债务、不当隐匿财产等行为。

因此，当公司在设立、运行、终止时将投资者和债权人利益共享的两级平衡这一公平理念抛诸脑后，实施滥用资本，隐匿、侵占财产，虚报资产负债表或财产清单，债务未清偿之前即分配财产于股东等行为，将使公司法人人格独立制度失去存在前提。在此情形下，公司法人人格应予以否认。公司法人人格否认制度一般是大陆法系国家的称谓，英美法系国家将其称为"刺破公司面纱"或"揭开公司面纱"。该制度源于美国，一般来说，援引"揭开公司面纱"的原则是防止欺诈和实现公平。需要明确的是，公司法人人格否认制度只是对股东有限责任以及公司法人人格的个案暂时性否定，该制度本身并非与公司独立人格完全对立。恰恰相反，所谓公司法人人格否认制度通过对控股股东滥用法人人格行为的限制，能够更好地体现法人人格独立与股东有限责任，从而克服法人结构本身所存在的缺陷。人格否认制度的核心是强迫公司股东向公司相对人承担连带责任，击破有限责任对公司股东的特别保护。在具体的合同或侵权纠纷案件中，法官有权根据案件的具体情况，本着公平和正义的法律原则，认定公司和股东实为统一主体并判令股东承担公司的债务和责任。学者们一般将我国《公司法》第二十条第 3 款规定界定为我国《公司法》所规定的"法人人格否认"制度。只是细致分析该法条，似乎只提到连带责任以及对股东有限责任的否认，并非严格词义学层面的"法人人格否认"制度。从公司法学理角度出发，结合破产欺诈行为的法律规制，公司法人人格否认应有如下一些基本的构成要件：第一，存在滥用公司法人人格独立地位和股东有限责任的事实；第二，以逃避债务为目的；第三，使包括公司债权人在内的有关主体利益受到严重损害。由上述构成要件可见，该制度对于破产欺诈行为的规制有重要作用。

（二）公司法人人格否认制度对破产欺诈行为的限制

公司法人人格独立制度容易引发股东依赖公司独立人格及自己的有限责任控制并滥用公司权利，进行不正当交易和财产欺诈性转让，当公司财产所剩无几时以资不抵债为由申请破产。此时，破产程序在某种程度上成为股东，尤其是控股股东滥用公司独立人格和有限责任的工具，而依据法人人格否认制度，可追究公司经营者和关系公司的经济责任。公司法人人格否认制度可在下列场合适用，要求有关破产欺诈人与公司共同承担对债权人的债务责任。

1.资本显著不足

公司以其资本为限对外承担责任,若其资本显著不足则责任承担能力堪忧,对债权人而言存在利益受损的极大隐患。采用此种"空手套白狼"式经营模式的公司,若经营失败进入破产清算程序,股东无须理会债权人的债务追索显然有违公平。因此,公司资本显著不足的场合,各国法律都规定在一定情形下适用公司法人人格否认制度,要求责任股东与公司对债权承担连带责任。从该制度这一具体行为表现来看,更多体现出对于破产欺诈行为的预防性控制,若此时法律不进行如此制度安排,则利用资本不足进行风险性经营,当经营失败后即刻进入所谓"合法"的破产清算程序,本身就存在相当的投机与欺诈心理。

2.滥用公司法人人格规避合同义务

合同的目的是设立、变更、终止民事权利义务关系。在商业活动中,当事人应当依据合法有效的合同规定享有权利和承担义务。合同义务不能履行若基于不可抗力等因素自不必论,若是由当事人一方的欺诈行为导致的,则须追究其责任。结合经济生活实践具体来说,该种行为类型主要表现为:当事人基于合同而负担不作为义务,为回避该义务设立新的公司,从而规避合同所约定的诸如不销售、不制作某特定商品的义务;公司股东解散公司或抽逃、不当转移公司资金,进而宣告公司破产。实质上是原有公司的资金、人员乃至厂房设备,已转移至同一控股股东或支配股东所设立的新公司,由此,该支配或控股股东可逃避之前公司因交易合同所负债务,这显然是一种较为典型的破产逃债行为。利用公司对债权人进行诈欺以逃避合同义务,即以公司名义进行交易,但实际上由于资本显著不足等原因公司根本无力清偿债务。股东利用公司只是为了逃债,实现自己的"欺诈性"经营。

3.公司法人人格、财产混同

此种情形也被称为人格形骸化。人格混同多是指公司股东人格与公司独立人格相互混同,所谓独立公司人格实际并不存在,从某种意义上来说此类公司只是披着独立人格外衣的"合伙人"而已。公司法人人格形骸化多存在于一人公司、母子公司、姐妹公司、集团公司的场合。其中母子公司事务之间缺乏连贯的、明确的划分,通常是确立责任的决定性因素;如果母子公司之间的关系过于密切,经营不规范,或者雇员互有交叉的话,母公司承担责任的可能性就会大大增加。此外,公司人格形骸化还可能表现为财产混同。由于财产所有权与经营权并未完全分离,极易导致出现股东恶意私吞公司财产,隐匿以及转移公司财产而侵害债权人利益的情形。由此，必然将削弱公司对外承担清偿债务的物质基础，在破产欺诈行为中应重点对此加以考核。另外，除典型公司法人人格、财产混同外，公司业务混同、组织机构混同等均是公司法人人格形骸化的表征。《法国商法典》即规定，若母公司将其业务与子公司混合到不允许的程度，以至两个公司实际上事务完全混合为一体时，母公司要对破产子公司的债务承担责任。

4.实际控制人操纵公司实施有损公司利益的行为

这是指处于支配主导的实际控制人对隶属的公司开展的利于自身而不利于公司的交易。如在按照母子公司关系组成的企业集团中，母公司为了集团利益的实现往往会通过干预子公司董事工作等方式使其做出牺牲。子公司若陷入资不抵债、破产清算的境地，子公司债权人权益的实现就需追究母公司的责任。此时，可适用公司人格否认制度责令母公司对子公司的债务承担连带清偿责任。

《公司法》上的法人人格否认制度有力克服了实践中股东有限责任的弊端，要求滥用公司独立人格损害债权人利益的股东承担其应有的责任，最大限度补偿债权人的损失。但由于其适用标准尚存在一定的模糊性，且实践中出现越来越多集团公司、母子公司等复杂的破产案例，单纯刻板地运用本原则无法解决实际破产过程中的诸多矛盾。例如关联企业破产的案例。两个企业之间具有关联关系，就将其称为关联企业。通常认为，关联关系是指一方能够对另一方进行控制或产生重大影响。1991年，《中华人民共和国外商投资企业和外国企业所得税法》中首次出现了"关联企业"这一法律术语，相较于一般企业破产，关联企业规模庞大、实力雄厚、内部关系复杂。其资产转移、资金调度隐蔽而不规范，关联企业间多重控制的特殊关系成了违法交易滋生的温床，隐匿、转移资产，欺诈、逃避债务的行为多见。在司法实践中，破产欺诈行为的惯常表现形式之一就是关联企业间进行欺诈性财产转让。例如，企业以资产剥离的方式逃废债务，或设立空壳子公司来诈害债权人；又如，企业在资产盘存评估中，以自然损耗、经营亏损、低价变卖资产等方式扩大资产损失；再如，关联企业内部互相提供担保，再由提供担保的公司申请破产；等等。

我国《公司法》涉及了关联关系及关联交易。其中，第二十一条明确了利用关联关系损害公司利益，给公司造成损失的应当承担赔偿责任。若母公司对子公司过度控制，利用关联关系侵害子公司利益最终使子公司破产，子公司的债权人应当有权追究母公司的责任。但《公司法》第二十一条的规定虽然明确对不当关联交易应予以责任追究，但实际仍然无法满足破产欺诈行为规制的要求。首先，其无法顾及关联企业破产时从属企业破产债权人的利益;其次,该规定侧重点在于受控制企业权益维护而非全体破产债权人;最后,有关法律责任承担未涉及关联企业负责人。当然,关联企业破产比较复杂,英美法系国家法官针对问题的特殊性,利用衡平权利创设出一系列救济制度来维护债权人利益。而利用关联交易进行的"假破产、真逃债",仅运用法人人格否认原则无法解决,因此西方国家在案件处理上又发展了"实质合并原则""衡平居次规则"予以补充,以期更好地解决债权人利益保护问题。我国破产法亦可注重对相关理论的借鉴吸收。

三、衡平居次规则引入的辨析与思考

(一)衡平居次规则概述

衡平居次规则源于美国判例法,与"揭开公司面纱规则"并称为姐妹规则,被誉为"母子公司法上的一个里程碑"。《美国破产法》第510条(c)款规定,尽管存在本条(a)款和(b)款的规定,但是在经过通知和听证后,法院可以根据衡平居次原理,将参与分配的一项被认可的债权全部或者部分居次到另一项被许可的债权的全部或者部分之后,或者将参与分配的一项被认可的利益的全部或者部分居次到另外一项被认可的利益的全部或者部分之后;命令任何担保该从属债权的担保物权转入破产财团。简单而言,衡平居次规则是改变破产程序中不同债权人之间的清偿顺序,目的是救济不公正的结果,防止不公平情况的出现。

(二)衡平居次规则在破产欺诈情形下的适用

衡平居次规则是《美国破产法》上的重要制度,其中的关键因素是出现了非衡平行为。在每一个案件中,法院适用第510条(c)款时都强调,首先是债权人必须已经实施了某种非衡平行为;其次该非衡平行为必须导致对破产债权人的损害或者使债权人获得不公平利益;最后债权的衡平居次必须与破产法条款相一致。"非衡平行为"的概念比较模糊,但其核心即为不公平、不公正。法院对判例进行总结之后认为,投资不足、不当管理以及违法、欺诈及违反信托责任的三类行为会被居次。在美国,衡平居次规则实际上被认为主要是对欺诈性转让制度的功能替代。当然,二者虽然有很多相似之处,但毕竟是两个独立的制度,并不完全一致。衡平居次规则的适用范围狭窄,限于破产程序，涉及债务人被一个自身也是破产债务人的债权人所有或者控制的情形。一般来说，适用衡平居次规则导致的结果是作为内部控制一方，如母公司、唯一股东或者公司高级管理人员，这些债权人的请求居次于那些善意的外部债权人。破产法的立法宗旨是公平清理债权债务，所有债权人按比例获得清偿。但是，与一般的贸易债权人相比，劳动者处于弱势地位，作为劳动者工资的债权若与一般债权在破产分配中处于同等的法律地位明显不公，所以各国破产法创设了破产优先权制度，通过区分各种不同的债权人，赋予某些债权人在清偿过程中的优先地位。也即破产分配是一个具有先后受偿顺序的结构体系，但处于同一层次的债权人之间仍旧要按比例获得清偿。当这种按比例清偿的秩序可能对其中某些普通债权人特别不公正的时候，需要用衡平的方式对其予以矫正。如公司管理者有违反信义义务的行为，此时允许公司管理者的债权与贸易债权人的债权按比例清偿，可能对贸易债权人并不公平。

衡平居次规则最早就是适用于关联企业当中的，但关联企业各成员公司之间的关系十分复杂，特别是控制公司对从属公司的"控制"使传统的公司法规范在适用上遇到了障碍，这在衡平居次规则的适用中也存在，出现了自动居次和衡平居次之争。提出自动居次理论的兰德（Lander）教授认为，母公司对子公司的债权应一律次于子公司的其他债权人，因为子公司的经营也要考虑到整个关系企业的利益，母公司给子公司贷款一方面是着眼于整个关系企业的发展，另一方面也有投资的性质。所以，子公司出现支付不能或面临破产时，母公司的债权分配顺序应次于其他债权人，甚至不能得到分配。而若子公司破产，其债权人却可揭开公司面纱要求母公司负责。波斯纳（Richard Allen Posner）法官从经济学的角度反驳了兰德教授的观点，他认为，母公司一般很愿意对子公司提供条件优惠的贷款，一则其对子公司破产可能性风险的预估方面有天然优势，二则母公司亦不愿意子公司陷入破产境地。但若按自动居次理论，不分情况、不针对个案审查是否具有"不公平行为"而一概要求母公司债权分配居次，则母公司不愿对子公司贷款，子公司陷入危机时也不愿出手拯救，反而会使子公司的破产风险增加，最终会影响到子公司债权人的利益。总之，多数学者认为，相较于严厉的自动居次，衡平居次更合理。

由于现实生活中关联企业的情形复杂，往往不仅局限于从属公司或子公司只有一个且陷入破产的情况，还可能包括控制公司与从属公司均破产的情形，控制公司破产、从属公司没有破产的情形，以及受同一控制公司控制的多个从属公司破产的情形。衡平居次规则没有涉及这些问题的适用，对以上问题的解决又引入了另一个重要原则——实质合并原则。该原则追求整个关系企业所有债权人的公平，是合并计算所有已破产的关联企业的资产与债务，且去除企业彼此间的债权和担保关系，不具体细究债权由哪家从属公司引起，而是将合并后的破产财团依照债权额的比例分配给所有的债权人。对我国来说，实践中常有关联企业中的控制企业利用关联关系实施破产欺诈行为，如在关联企业之间相互转移债务、资产，严重损害了从属企业及其债权人的利益。而当关联企业与从属企业均破产时，相应的债权债务清理、资产追索及重整工作亦十分复杂，因此有必要借鉴国外先进的制度经验来解决我国的实际问题。

（三）我国破产法引入衡平居次规则的思考

上文已论及衡平居次规则是对破产法公平清偿原则的补充，可以遏制公司利用债权平等原则与法人人格独立原则来巧取豪夺、侵害从属公司及其债权人的利益。实质合并原则不需要划分所有关联企业的资产归属，也不需要认定企业间债权交叉保证等时效的效力和受偿余额问题，大大简化了破产程序，对同时破产的各关联企业债权人的平等清偿权是极大的保证。我国破产法可考虑从如下方面适用衡平居次规则：

1. 执行主体为破产管理人

应在其职权中增加对母公司债权的审查和处理权利。破产管理人可在破产财产分配方案中提议对控制企业的债权适用居次规则，由债权人会议讨论，最终是否生效交由人民法院裁定。若债权人对裁定不服，可以提出复议。在对母公司债权审议过程中，破产管理人应时刻关注子公司债权人的利益保护，若发现母公司滥用控制权，通过不正当手段从子公司取得财产的，应当予以追回。在法律规定的期限内，子公司对母公司的无偿交易、明显不合理的交易应当予以撤销。

2. 规定衡平居次规则的适用范围与条件

衡平居次规则主要是为了防止控制公司侵害从属公司及其债权人的利益，因此，在控制公司有"非衡平"行为且于从属公司获得不当利益时，其债权应居次于从属公司的其他债权人。对于衡平居次规则的适用条件，需把握是否有不公平的情形。在美国的有关衡平居次的判例中，学者也试图对不公平行为进行定义。例如："不公平的行为是指那种可能是合法的，但却冲击了一个人的良知的行为。它特别意味着一种秘密或者公开的欺诈；受信人缺乏诚信；不公平的获利，不是基于良好的机会、精明的商业头脑而获利，而是通过自己不合情理的、不公平的、不公正的、秘密的或者双重交易或者违规的行为，造成他人的损失为自己牟利的行为。"总之，立法要公平。

3.宜采用举证责任倒置

衡平居次规则的适用不是彻底否认股东债权,而是为了体现公平清偿要求控制公司的债权居次于一般债权人的债权,且由从属公司的债权人来证明从属公司迫于控制公司的"控制力"来进行交易十分困难。美国法院采取了一个减轻优先债权人举证责任的做法,采用了一个所谓的两阶段方法。首先,由优先债权人一方承担初步举证责任,亦即必须提出某些实质上的事实基础以驳斥居次债权人已有证据证明的债权请求的表面证据效力。一旦优先债权人满足这个初始义务,举证义务就转移给了居次债权人,居次债权人就有义务证明其行为为善意并且符合公平原则。我国立法也可考虑在举证责任上适用举证责任倒置。

4.实施不当控制的母公司债权居次清偿

我国《企业破产法》第一百一十三条规定了破产财产的清偿顺序,在此项法律规定中,若将来引入有关衡平居次原则、理念,那么有必要进行补充性规定。即在已有法定破产财产清偿顺序的前提下,若某部分债权是由于控制公司的不当行为所造成的,那么对于该部分债权在已有清偿顺序前提下,应位列于普通债权中最后顺位予以清偿。甚至可以规定当破产财产不足以清偿同一顺序的清偿要求的,对于前述因控制公司不当行为所拥有的债权,其分配比例应低于其他普通债权。

四、破产免责制度应严格适用

(一)破产免责制度的意义及争议

破产免责作为一种法律赋予破产人的特许利益,在各国长期存在争议,支持与反对免责的人争论不休。采用该制度的主要考量因素在于:首先,破产是正常的社会经济现象,在市场竞争中必然会有人因处于资不抵债的情况而进行破产,为使债务人不至于永远被债务压制难以取得发展,不如允许债务人破产,在实质上将债务不能清偿的风险转由债务人与债权人共同承担。其次,不规定破产免责制度,则债务人不会有任何经济动力主动申请破产,因为他将无法从破产程序中得到实质优惠。在此情况下,最大可能是导致债务人财产状况持续恶化,最终只能给债权人造成更大的损失。最后,对诚实的破产人而言,破产免责体现了对其人权的尊重,也是国家鼓励破产人重新投入新的经济生活的必要手段。破产免责制度的出台有其积极意义,但是不容否认的是,因为"免责"免除了债务人在破产程序终结后所剩的其他债务,不仅使其免受牢狱之苦,而且还能获得新生,也即破产债务人从中能获得免责利益。这一利益取决于其所剩破产财产的范围大小,以及能够偿还债权人债权的多少。剩余的破产财产越少,能够偿还给债权人的就越少,自己所获的利益就越多。为实现自身利益的最大化,有些债务人可能会在破产程序开始之前,就有计划、有步骤地采用一切手段减少自己所掌控的财产范围,如无偿转让、低价变卖、偏颇清偿,或者将财产转移、隐匿起来。因此,从某种意义上而言,破产免责制度在为债务人主动申请提供了原动力的同时,也为其实施破产欺诈行为大开绿灯。

基于此,一些学者质疑破产免责制度,甚至有人提出应对其加以严格限制或予以废除。在美国,以爱森堡(T.Eisenberg)教授为代表的学者认为现行的免责制度对债务人过于宽容,不符合破产法的目的。日本学者栗田隆教授认为当今破产免责程序多有滥用,因此在破产案件审理实务中要慎重对待。当今各国破产法普遍规定了破产免责制度,但考虑债务人利益、债权人利益与社会公共利益之间的协调平衡,实行的均为"有条件的破产免责",即重视对债权人债权的偿还,考虑债务人的免责重生,以利于社会利益。特别是为控制破产欺诈行为,各国均关注考察债务人的诚信,排除对实施破产欺诈行为的债务人予以免责。联合国《破产法立法指南》在"清算中债务人债务的解除"部分指出:"在有些情况下,所有法律都对可否采用这种解除债务的做法做了限制。各国法律所规定的这些情况各有不同,但是可以包括:债务人有欺诈行为;从事犯罪活动;违反就业或环保法律;未保存适当的记录;未诚信地参加破产程序或未与破产管理人合作;未提供或故意扣留或隐瞒信息;在明知其破产时仍继续交易;在无对偿债能力的合理预期的情况下负债;以及在申请启动破产程序之后隐瞒或销毁资产或记录。"总之,不管采用何种立法模式,即无论该国家对破产免责的规定采用许可破产免责还是当然破产免责,都应当进行较为严格的破产免责限定条件,而不是所有的债务人均可享受免责利益,不是债务人的全部债务均能获得免除。

正是基于上述考虑,各国破产法都对破产免责制度规定了一定的适用条件,且这些条件大都是对何种情形不能适用破产免责予以规定或列举。其中,《美国破产法》对于破产免责适用范围的除外性规定主要包括:主体限制为自然个人,公司法人或其他组织不能适用该制度;债务人采用不正当手段对债权人或破产管理的官员进行欺诈性行为的,例如故意延迟、欺诈、隐藏、故意毁损财产等手段;对有关反映财务状况、经营状况档案材料不进行妥善保管或故意销毁、隐藏乃至伪造；在破产程序或与之相关的程序或案件中，进行虚假表示或伪造财务账目；拒绝执行法院有关指令的；取得法院破产免责法令后，又自愿通过书面形式表示放弃该权利的；债务人不能就有关为何不能及时足额清偿债务做出解释，或解释无法令人信服的；债务人之前已进行过一次破产免责；等等。《日本破产法》规定不予免责的债权主要有：由于恶意行为所产生的债权，有关追征金、刑事诉讼费用、罚金、刑事罚款，员工的预付金及薪酬、租税，等等。《英国破产法》规定的不予免责情形主要包括刑事罚金，无法于破产程序中申报的债权，由于人身损害赔偿或过失侵权所产生的债务，信托受托人有信托违反行为且其主观存在欺诈的情形，等等。

（二）应严格破产免责的条件

结合国外立法与实践，我国将来的自然人破产免责制度构建中，为控制破产欺诈行为的泛滥，应从以下几方面严格限定破产免责的条件：

1.采用许可免责主义

相较于当然免责主义侧重对债务人利益的保护，认为免责是债务人固有权利的立法理念，许可免责更多地考虑到了各方利益主体的平衡，不仅是债务人，还包括债权人与社会整体利益。由法律规定应否予以免责的条件，由债务人提出申请，或由债权人或破产管理人提出反申请，再经由法院审查后决定是否许可，既不会妨害债务人合法免责利益的实现，同时也将其行为纳入法院的监督之下，可以平衡各方利益，避免债务人滥用免责权利实施破产欺诈行为。事实上，采用当然免责主义国家的破产法也对债务人免责权利的形成设定了种种条件，例如英国的"适当时间限制""例外限制"。《美国破产法》对破产管理人、债权人提出破产免责规定了一个异议期间，此期间内有关主体不提出异议申请的，方可免责。同时美国相关法律还规定了"不予免责理由限制"等，这些限制实质上已经突破了当然免责的"自动性"。

2.明确破产欺诈行为无法免责

各国破产法均对实施破产欺诈行为的债务人不予免责，免责利益仅限于诚信的债务人才能享有。如《美国破产法》规定的"债务人因诈欺、侵占、盗用所生的债务"，《日本破产法》规定的"以损害债权人为目的，对属于或应属于破产财团的财产进行隐匿、损坏，对债权人进行不利益处分及做出其他不当减少破产财团的价值的行为"均不予免责。同时《日本破产法》对于破产程序中以各种恶意欺诈性手段提交或陈述有关财务账务、经营状况报表以及其他虚假文件或单册的，亦无法适用破产免责的法律规定。此外可能丧失免责特权的情形还适用于那些具有过怠破产行为的债务人。破产欺诈无法免责在德国法律中体现为：在一定期间限定内，债务人恶意进行经营或过度消费；在其经营状况无法或者不可能得到彻底改观的情况，有意拖延破产相关程序，进而对债权人本应获得的清偿债权进行故意或重大过失的损害；按照法律规定提交的有关债权清单、债权人名单、财产及收入清单，债务人于陈述或提交材料中故意或重大过失地进行虚假表述；等等。上述情形依据《德国破产法》规定，因存在明显主观恶意欺诈将不适用破产免责。《英国破产法》根据判例规则规定的不予免责情形主要是指由于故意、疏忽大意或重大过失所造成的破产情形，例如生活过度奢华、投机或进行赌博、冒险草率进行经营而导致破产等情形。同日本与德国破产法律规定类似，债务人如果在破产程序中恶意提交虚假财产账册、清单或拒不履行说明义务的，也不适用破产免责。前述可见，各国破产法对于债务人在破产程序所实施的各类欺诈性行为，都禁止或限制其适用破产免责。破产免责的基础性要求是：债务人在破产程序中必须遵循诚实守信的基本法律要求，同时在满足法定的其他条件情形后，才能够适用。

3.建立一定条件下的破产免责撤销制度

免责撤销制度更多的是进行一种事后规制，从而实现债务人与债权人之间的利益责任趋于平衡。因为当代社会商事交易复杂快捷，其中必然会有一些情形不可能在破产程序或破产免责生效前被察觉，此时赋予债权人以及有关主体申请撤销破产免责的权利，是符合当代经济生活规律和法律公平正义要求的做法。至于申请撤销的事由，由前述有关破产免责适用情形法律规定可以推出，即债务人由于进行欺诈性行为而获取破产免责特权，在发现此种情形后，当然应当取消其所享有的破产免责权利。破产免责撤销不能由债权人或其他主体自行做出，而必须向法院提出申请，由法院采取审理或听证方式，决定对破产免责撤销申请是否予以通过。在《美国破产法》中规定的撤销事由主要包括：拒绝执行法院在审查、听证过程中的命令的；债务人曾经欺诈性地隐匿其所取得的本应属于破产财团的财产；破产免责是通过其他欺诈性手段获得的。关于破产免责撤销，德国法律的相关规定主要有：法院应破产债权人的申请，查明在做出破产免责决定前，债务人存在诸如欺诈等故意损害债权人利益的情形时，可以取消之前的破产免责决定。对于撤销申请的期间规定为做出免责决定后 1 年之内，而且上述事由是债权人于破产程序或破产免除程序时所不知，或不可能察知的。在破产免责撤销法律效果方面，应当规定破产免责被撤销后其效力及于全体债权人。即对于每个债权人，若其在破产免责决定做出前，尚有债务未被债务人清偿的，都可以向债务人请求偿还，该请求如无法得到满足或存在争议的，可以向法院提起诉讼。至于曾经记载在债权表中的债权，可申请法院强制执行。

第五节　破产欺诈行为的风险预防

法律的主要作用之一就是调和一个社会中相互冲突的利益，无论是个人利益还是社会利益。这在某种程度上必须通过颁布一些评价各种利益重要性和提供调整种种利益冲突标准的一般性规则方能实现。破产法的重要任务就是为破产法上的利益主体提供法律保护。现代国家之所以会设立破产制度，就是因为在商品经济条件下，企业失败的原因很多，如英国经济学家戴维·布朗（David Brown）列举了企业失败的四大原因：第一，管理缺陷；第二，财务控制失当；第三，生产与销售上的缺陷；第四，包括政府政策、国际竞争、主要客户破产等外部因素。经营不善、竞争失败、承担担保责任乃至天灾等不可预见的原因均可能导致企业陷入无力清偿债务的困境。若因为债务人丧失清偿能力而允许其无期限地拖延债务，将会给其他与之相关的多数企业带来风险，可能会引发多米诺骨牌式的连锁倒闭。从这个角度而言，该企业关门歇业、破产清算，将不能再对市场经济造成危害，也是对其他企业安全性的保障。国际货币基金组织在1995年曾指出，若债权人不能及时有效地收回债权，将影响未来的信贷关系，进而会加重金融与经济危机。稳定有效的程序更容易增进债权人对扩大信贷与重组债权的信心。

因此，任何对破产程序的破坏都会影响债务关系的最终公平有序实现，全体债权人和债务人的合法权益也得不到维护。破产欺诈是一种"损人利己"的行为，即便有些破产欺诈行为如偏颇性清偿实现了对个别债权人的"公平"，但这种建立在对其他债权人"不公平"基础之上的行为当然为法律所禁止。对于破产欺诈，要结合不同的法律加以遏制，而在具体规范手段上，则要重视预防、控制与惩罚多手段并用。预防，是在制度上尽量补漏，使破产欺诈行为无可乘之机；控制，是遏制已产生的破产欺诈行为的继续，并阻止损害结果的发生；惩罚，是追究破产欺诈行为的法律责任，给利益受损一方以救济，给行为人以制裁。

本书认为，预防破产欺诈即是要防患于未然。

首先，破产欺诈的主体范围较广，包括一切违反破产法规定，采用虚构事实、隐瞒真相等方式导致破产财产减少或破产财产负担增加的行为人。破产人（债务人）是最常见的破产欺诈行为主体，而在现代公司治理结构中，公司董事和高级管理人员作为公司管理阶层，直接控制和管理公司，其非正常的管理活动如欺诈性关联交易、虚报账目、虚增利润等行为，往往会致使公司资不抵债，减少公司破产财产。因此，预防措施要重视对公司董事等管理人员的行为规制。

其次，在破产程序开始之后，债务人丧失了对财产的实际控制，而由管理人来管理各项破产具体事务。破产程序能否在公正、公平与高效的基础上顺利进行，与管理人的活动密切相关。如果管理人不能合法有效地履行管理职责，或滥用职权、为自己或他人利益侵蚀破产财产，则极易发生破产欺诈。严格管理人义务、明确管理人责任，是破产欺诈预防的题中应有之义。

最后，破产欺诈行为针对的即是破产财产，完善的破产保全制度能有效防止破产财产的流失。我国破产法中对破产保全制度重视不够，更是忽视了对破产程序开始前的破产保全，这种有异于各国破产法规定的做法应加以改变。

一、预防公司董事的破产欺诈

（一）公司董事对债权人承担义务的溯源

一般认为，董事对公司最重要的义务应当包括忠实义务、勤勉义务。忠实即要求董事以公司利益作为自己行为的考量标准，忠诚可靠地履行职责，不能"损公肥私"，为满足个体私利而影响公司的发展。勤勉是对董事行为的态度要求，即董事在履职时要谨慎行事，恪尽职责，不能抱着随意放任的心态行事。传统公司法将董事看作公司的代理人、受托人，因此只对公司承担义务。在英国，1897 年的 Salomon v. Salomon 案确立了公司独立法律人格原则以及股东仅以其出资为限对公司债务承担责任的股东有限责任原则。

董事拥有广泛的管理权，其在公司结构中的地位十分重要。董事利用职权侵害债权人利益的行为时有发生，特别是当公司资不抵债、面临破产之时，若董事不考虑债权人的利益，则其采取的措施将可能增加债权人的预期损失。因此，董事不对公司以外的主体承担义务的做法，既不利于对股东和债权人利益的保护，也不利于对董事自身行为的约束。现代公司法改变了这一做法，将公司董事承担民事义务的范围逐渐拓宽以起警示作用。董事在代表公司进行活动时，如有欺诈行为给债权人造成损失的，董事应对公司债权人承担个人侵权责任。当公司面临破产的境地时，公司债权人与公司存亡之间有利害关系，公司董事对公司债权人承担义务也是应当的。1986年的《英国破产法》规定了公司董事对公司债权人承担义务的原则。

很多国家的公司法和破产法在董事承担责任等相关条文上有着协调一致的规定，值得我国法律借鉴。例如，根据《英国破产法》第214条的规定，公司董事在公司解散开始之前的某个时间，知晓或者应当断定公司没有合理的期望能够避免进入破产清算时，没有为公司债权人采取应当采取的一切将潜在损失降至最低的措施，法院经清算人申请，可宣布该人应当分摊对公司财产的责任，数额要取得法院的同意。我国《公司法》虽然没有直接规定董事对清算前不当交易的责任承担，但规定了此类行为董事、监事和高级管理人员应当承担赔偿责任。我国《企业破产法》规定，债务人在破产程序开始之前的欺诈性交易或可撤销和无效的行为，损害债权人利益的，其法定代表人和其他直接责任人员依法承担赔偿责任。两部法律在类似法条的衔接上缺乏协调，需要进一步统一。

（二）公司董事与破产欺诈行为的关联

董事是公司事实上的决策者与管理者，各国公司立法中虽然偏重确立董事会为公司的集体业务执行机关，但同时允许董事执行某些业务。董事与公司之间究竟是何种关系，存在不同的观点，包括以德国立法为代表的代理说，以日本立法为代表的委任说，以英美等大多数普通法系国家的立法为代表的代理与信托兼有说。不论哪种说法，均承认这样一种事实，即公司的行为由公司董事决定。虽然各国立法强调董事会集体行使权力，但没有每个董事的积极参与，董事会意志亦无法形成。

公司董事作为股东的利益代表受托于股东，必须为股东的利益管理公司，若其行为偏离所负义务，则需要承担法律责任。但当公司处于资不抵债或支付不能的状态时，股东与债权人会发生利益冲突。例如，当公司陷入破产状态后，股东由于无法从公司的破产清算中获得任何财产,因此往往希望继续维持公司的经营以便获得转危为安的机会。而债权人为了回避公司继续经营中的风险,一般会选择通过清算来获得迅捷而确定的偿付。再如,公司一旦资不抵债,股东与债权人必然会为各自的利益瓜分公司财产。股东利用自己对公司的控制地位,通过各种显性或隐性的方式分红或实施其他分配活动,或者通过对自己有利的交易条件获得公司财产,或者通过合法或非法的方式向第三人转移财产。而债权人既没有直接控制公司,同时因信息不对称在信息获取上滞后,很难迅速采取合法方式维护自己的利益。此时,董事如果继续以股东利益为核心,则会严重损害债权人的利益。即便债权人采取了行动,如按照合同约定主张权利,通过司法或非司法途径扣押或执行企业财产来实现债权,但法律程序的进行自有一套过程,未必能迅速做出处理,因此难以有效阻止股东实施不利于债权人的行为。故从保护破产公司债权人利益的角度看,法律有必要对董事的义务内容和对象进行一定的修正和补充。

就公司的破产欺诈行为而言,不论是欺诈性转让抑或是偏颇性清偿,进行具体事务运作的主体是处于公司管理阶层的董事和管理人员。公司最终陷入资不抵债、债务得不到清偿的困境,与直接掌控和管理公司的人员的行为脱不了干系,2001年美国安然公司破产案即为典型例证。安然公司破产虽然有诸多原因,但管理层滥用权力,通过关联交易隐瞒债务、虚增利润,误导投资者、危害债权人的种种行为也是公司最终破产、投资债权人利益损失惨重的背后推手。预防破产欺诈行为,更好地保护债权人利益,必须重视对公司董事不当行为的遏制。

(三)预防公司董事破产欺诈行为的措施

联合国国际贸易法委员会在《破产法立法指南》中指出:"如果与破产债务人实体相关的人员过去行为和作为的后果是对该债务人的债权人造成损害或损失(例如,由于欺诈性或不负责任的行为所致),那么破产法适宜根据适用于欺诈和过失的赔偿责任制度,规定可追究有关个人对损害或损失的赔偿责任。"追究董事等高级管理人员决定在企业陷于资不抵债、濒临破产情境下实施损害债权人利益行为的法律责任,有助于该类人员在进行决策时准确评估风险,增进对公司的责任感。

1.公司董事对债权人承担义务的国外立法参照

美国传统的公司法和破产法理论都认为公司董事和其他管理人员对公司债权人并不负有信托义务。但是,20世纪90年代以来,司法实践中不断出现债权人以公司董事和其他管理人员在公司破产后或濒于破产时违反对债权人的信托义务为理由,向法院申请追究董事和其他管理人员的法律责任的案例。特拉华州衡平法院在 1991 年 Credit Lyonnais 案的判决中指出,公司董事在公司濒于破产时,其做出的决定不能只考虑股东的利益,而需要考虑公司所代表的利益共同体。虽然法官没有规定公司一旦破产,管理人员的信托义务转向债权人,也没有明确利益共同体的具体内容,但是很多学者认为债权人的利益应当包括在内。特拉华州衡平法院在 2004 年的 Production Resources 案中进一步说明,如果公司破产,或者濒于破产时,董事可以考虑包括债权人在内的其他利益相关人的利益。法官认为根据特拉华州法律,公司一旦破产,其董事对公司债权人负有信托义务,债权人也有权利追究公司董事违反信托义务的法律责任。此外,如果公司破产是因为董事在公司破产之前的行为,债权人也可以追究董事违反信托义务的法律责任。但是,债权人追究董事违反信托义务的法律责任的权利属于公司,并不属于债权人个人,其权利是派生的,只能通过派生诉讼主张权利。因此,所获赔偿属于公司的破产财团,并不能对其个人直接清偿,而是按比例与其他债权人共同受偿。另外,债权人针对公司董事提起的违反信托义务的诉由,法院根据商业判断规则进行审查,如果董事的行为是在充分了解相关信息的情况下做出的,并且是善意的,则可以免责。

德国是通过在法律中直接规定公司董事的义务来对债权人利益予以保护的。如《德国股份法》第 92 条是对发生亏损、财产不足以清偿债务或无支付能力时董事会的义务的规定,在公司无支付能力之后,或在其财产不足以清偿债务之后,董事会不得进行支付;第 93 条是董事会成员的注意义务和责任的规定,其中,董事会成员"违背本法在公司无支付能力或在其财产不足以清偿债务后进行支付的",需负赔偿义务。当公司资不抵债或支付不能后,董事会或董事应无过失迟延地,但至迟在无支付能力后的 3 周启动破产程序。第一种限制支付行为,意味着公司陷入客观破产状态之时,不对外支付以免造成公司财产减少,从而避免破产后债权人利益的进一步损失;第二种申请破产行为,是通过将公司的财务现状向社会公开的方式,来提醒公司的债权人及时采取合法措施保护自己的利益。因此,此种公司董事义务的规定对债权人利益保护意义重大。

日本在传统上也认为董事只对公司负有义务,承担赔偿责任。但 1950 年的《日本商法》规定了董事应对第三人承担赔偿责任。该法第 266 条规定,董事执行职务有恶意或重大过失给第三者造成损害的,应对第三者负有连带损害赔偿责任。何谓"第三者"法条虽未明确规定,但理论上一般认为,董事与公司间为委任关系,公司与董事之间可以"你""我"相称,第三者就是董事任职公司以外的人,包括公司债权人、公司现行股东、公司前股东、公司股票认购人、公司侵权行为受害人等。《日本商法》将破产债权人纳入保护范围的理由是董事违反对公司的义务可能造成公司财产减少,必然影响债权人的受偿程度,虽然这种损害属于间接损害,但债权人也可以获得赔偿。

2.我国的立法规定与建议

我国法律关于董事对第三者承担责任的规定始于1998年的《证券法》第六十三条。2006年的《公司法》对董事对公司的义务和责任做出了明确规定,第二十条、二十一条规定了公司法人人格否认制度,第一百四十八条、一百四十九条、一百五十条规定了董事对公司的忠实和勤勉义务以及赔偿责任承担。这些规定体现了《公司法》关注保障公司债权人的利益。董事等高级管理人员对公司及其债权人均应负有义务、承担相应责任。有《公司法》的前期准备工作,《企业破产法》中董事等高级管理人员需要承担破产个人责任也顺理成章。

我国《企业破产法》关于法人治理的条文主要分为两大类:第一类是破产程序期间对管理层行为的限制,如第十五条债务人有关人员义务的规定,第十六条个别清偿无效的规定。第二类是对管理层的责任追究。其中,一种是对破产前行为的责任追究,如第125条对企业管理层破产责任的规定,第一百二十八条对欺诈破产行为法律责任的规定;另一种是对破产程序中行为的责任追究,如第一百二十六条对违反信息披露义务的法律责任的规定,第一百二十七条对违反提交、移交义务的法律责任的规定,第一百二十九条对擅离住所地的法律责任的规定。相较于《企业破产法(试行)》,《企业破产法》无疑在董事责任追究方面更加充实,但仍有进一步完善的空间。本书认为,应在以下几方面对公司董事义务予以明确,使得破产法的程序规定与公司法的实体规定更好地协调衔接,以有效规制破产欺诈行为。

第一,明确董事须对债权人承担民事责任。《企业破产法》第一百二十五条指出:"企业董事、监事或者高级管理人员违反忠实义务、勤勉义务,致使所在企业破产的,依法承担民事责任。"但应对谁担责、由谁追究,是向股东承担民事责任,还是向债权人承担民事责任,抑或向股东和债权人均承担民事责任?根据《公司法》第一百五十条的规定,董事向股东承担责任自不必说,董事的忠实、勤勉义务也是针对公司而非债权人。但董事等管理人员致使企业破产的,仅向股东承担责任而不向债权无法获得清偿的债权人承担责任,明显对债权人不公。同时,根据《企业破产法》第一百二十八条的规定,对破产程序开始前的欺诈性交易、个别清偿等可撤销和无效行为,损害债权人利益的,可以追究债务人的法定代表人和其他直接责任人员的赔偿责任。由此可推导出第一百二十五条的董事忠实、勤勉义务也可是针对债权人而言,违反此项义务亦需向债权人承担民事责任。另外,《企业破产法》在第二十五条第(七)项中规定了管理人可代表债务人参加诉讼、仲裁或者其他法律程序。因此,管理人可在破产、重整程序中追究董事责任。立法上明确该问题将更有利于保护债权人利益。

第二,明确董事不及时申请破产的法律责任。董事在明知公司将要达到或已经达到破产界限时,无视客观事实而坚持不向法院申请破产或者迟延申请破产,将会给债权人带来不必要的损失。由于信息不对称,债权人无法掌握公司的经营运作情况。其在公司资不抵债乃至濒临破产时,还有可能与之进行交易。而当面临债权无法实现的状况时,却不能直接向公司股东索赔。此时,若作为最了解公司实际情况、且为决策者的董事没有及时采取有效措施,例如申请破产来减少公司债权人的损失,则应当承担相应责任。我国《公司法》在第一百八十八条清算组义务设置上,也体现了对不及时申请破产这一行为的否定态度。清算组多由股东和董事组成,我国破产法也可考虑增加此方面的禁止性规定。若企业陷入资不抵债或支付不能后一定时期内,董事会、董事或法定代表人必须向法院申请破产,否则给债权人造成损失的应承担相应的赔偿责任。

第三,明确董事在相应条件下的免责。责任不应仅强调追究机制的健全,也要重视保护机能的完善。我国法律在此方面较为薄弱,法律条文中涉及法律责任一词,均侧重其惩罚意义。而只注重强化惩治忽视救济,对董事利益保护漠不关心,显然无益于公司的有效治理与市场的和谐发展。若董事已完全履行相应的忠实、勤勉义务,应当有相应的减免责任制度。《日本公司法》第425条第1款规定,在董事善意执行职务且无重大过失时,在其所承担赔偿责任额中扣除最低责任限度额为限,可依股东大会的决议免除。当然,当董事存在主观恶意或重大过失时,不适用该责任减轻制度,而应严格追究责任。我国《公司法》在第一百一十二条第3款有限度地提到了公司董事责任免除问题,但并没有一个系统的董事责任减免制度。《中国公司法修改草案建议稿》曾探讨董事的免责条件:①虽有违反公司章程和股东大会决议,给公司造成损害的情形,但股东大会决议不追究责任;②已经完全履行了相应的忠实义务与注意义务。公司董事责任的减免,是未来公司法与破产法均需考虑的问题。

二、预防破产管理人的破产欺诈

（一）严格监管管理人的选任与任职资格

1. 管理人的选任

我国《企业破产法》以管理人制度取代了以往的清算组制度，在第二十二条规定了管理人由人民法院指定。根据最高人民法院《关于审理企业破产案件指定管理人的规定》可知，指定方式以随机指定管理人为原则，以竞争指定、推荐指定管理人为例外。有学者认为存在诸多问题，如对于一般破产案件完全采取由人民法院随机指定的方式，对债权人意志考虑不足，且在要求管理人具备特殊能力的个案中会出现管理人不能胜任的问题；再如，对基本无产可破或无报酬可支付的案件中，指定方式无法保证对管理人的公平；另外，目前管理人的制定范围和随机指定方式难以体现重整案件对管理人的特殊要求等。在破产管理人选任方式上，各国破产法大致有三种模式，即法院指定、债权人会议选任以及法院指定与债权人会议选任二者并用。其中，第三种模式既考虑到了法院的中立与高效，又顾及了债权人的意志自由，可以说是现代破产制度的发展趋向。现代各国破产立法也在普遍寻求一种方法，能够将法院指定和债权人会议选任有效融合，更好地进行破产管理人选任。《俄罗斯破产法》所创制的评议制与推荐制相结合的选任程序值得我国借鉴。我国《企业破产法》第二十二条已经规定了债权人会议的异议权，可进一步考虑给予债权人一定的权力参与法院的指定管理人程序当中，如可赋予其推荐权。同时，对于法院指定权的行使，要根据不同的案件情况采用不同的方式。针对无产可破的案件可直接指定管理人，对管理人经验和能力有特殊要求的案件采用竞争方式指定等。

2. 管理人的任职资格

管理人的任职资格一般可分为积极资格与消极资格。对于积极资格，大多数国家都要求由具有专门知识和技能的人来担任管理人，通常是由律师或会计师担任。消极资格意味着破产管理人的资格限制，通常采用排除的方法规定。我国《企业破产法》将其规定在第二十四条，在引入符合一定资质的职业管理人之外，还保留了清算组担任管理人的原有法律设置。此种规定受到了多方批评与质疑，但亦有人认为，这是我国国有企业破产特别是政策性破产案件的现实需要与选择。根据最高人民法院《关于审理企业破产案件指定管理人的规定》第十六条可知，由社会中介机构的管理人负责破产清算是原则，由政府有关部门组成清算组负责破产事务是补充。对于后者在实践中应予以严格控制，以防行政色彩过浓而致缺少管理人应具备的专业、独立与中立性，以及责任追究上的落空。另外，管理人的市场准入条件、资格管理方式等均需明确，可考虑通过统一资格考试的方式来决定应否准入，在条件成熟前可采用管理人资质认证或考核的方式来选择具有专业素质的从业人员；担任管理人的机构和个人应提供与破产案件相匹配的执业保证金并参加执业责任保险；加强对不符合资格的从业人员的惩治等。

（二）加强对管理人的监督

对破产管理人的监督主体，各国破产法规定不一。大体包括法院、债权人会议、债权人委员会以及专设行政机构的监督。法院对破产程序拥有全面控制权与否决权，在破产程序中居于主导地位。对管理人的监督是法院对破产程序监督中的重要一环。但法院在繁重的审判任务之余，能否有心力对破产程序中的大量清算事务进行有效监督？而债权人会议由于人数众多，集体的统一监督在实施上存在困难，且债权人会议非常设机构，对管理人履行职责情况的日常监督无法进行。另外，债权人委员会作为债权人的利益代表，很难避免在监督中完全中立，不做出有倾向性的判断。因此，为了更好地平衡破产程序中债权人和债务人的利益，有些国家又设立了专门的行政监督机构，例如美国与俄罗斯。这两个国家均建立了由联邦提供经费支撑，在联邦一级设立统一办公机构，各地区设分支进行垂直领导的行政机构，专职负责管理破产案件及破产管理人。美国的机构名为破产托管人管理办公室，俄罗斯成立了联邦企业重整与破产管理局。

依我国《企业破产法》第二十三条的规定，我国破产管理人的监督主体有人民法院、债权人会议及债权人委员会。其中，法院监督权的行使具有被动性，是通过管理人向法院报告工作的方式进行的。债权人的监督是通过债权人会议和债权人委员会进行的。同时，根据我国《企业破产法》第五十八条、一百三十条的规定，单个债权人亦可对破产管理人行使监督权。《企业破产法》第六十九条规定了管理人必须向债权人会议报告的若干事项。破产管理人接受监督的内容主要包括：对日常管理事务进行报告和接受审查；对取得的报酬接受审查；所有与破产财产管理的行为接受审查；重要管理行为应征得监督主体同意或许可。我国现行的法院、债权人会议与债权人委员会三位一体的新型监督体制，对破产管理人制度的有效运行起着重要作用，很好地保护了债权人、债务人和其他利害关系人的合法权益。在制度的具体运作中，本书认为，还应对以下几方面给予重视。

首先，要强调对管理人账务账册的监督。完善的财务会计制度有利于规范管理人破产费用的支出，避免浪费和侵吞、转移破产财产的行为。各监督主体通过对管理人财务账册的审查，可以更好地掌握管理人对破产财产的运作动向。《德国破产法》第66条规定：破产管理人应在其职务终结时向债权人会议提出财务报告。在债权人会议之前，由破产法院审查破产管理人的结算。破产法院将结算连同单据、审查说明以及债权人委员会的意见予以存放以供当事人查阅；破产法院可以为债权人委员会确定一个期限以供其提交意见。存放文件与债权人会议至少应当间隔一周。债权人会议可以要求破产管理人在破产程序进行当中的特定时间提出中期财务报告。我国《企业破产法》第六十八条规定了债权人委员会的职责，包括监督债务人财产的管理与处分、破产财产的分配。本书认为还应更加关注账务账册的审查，管理人在破产事务终结时应将账务账册提交给法院审查，特定情况下，债权人委员会可以向人民法院提出对管理人账簿进行财务审计申请，由法院最终决定是否审计。

其次，应对管理人处分债务人财产的权限予以限制。我国《企业破产法》第二十五条赋予管理人管理和处分债务人财产的权利，第六十九条规定了管理人重大事项的报告义务，但并没有规定需要经过债权人委员会或人民法院的许可。此立法规定主要考虑了破产程序进行的效率问题，但赋予管理人过于宽泛的权利，则可能引起其权利行使失控。各国破产立法通常均限制管理人的重大财产处分行为，如《美国破产法》第363条、554条，《德国破产法》第160条、《日本破产法》第78条。各国或地区的规定实质同一，只是具体的监督主体与纳入监督范围的行为标准判断不同。不论是由法院许可、债权人委员会还是债权人会议批准，都是对破产管理人权利行使的监督与制约，有利于保护债权人利益。对该问题的解决，我国有学者提出，破产管理人与债权人委员会在管理和处分债务人财产上的职责划分，应由债权人会议决议界定，由其充分行使自治权。本书认为，在我国现有法律规定的框架之下，此不失为一个很好的解决办法。

最后，应完善破产管理人提供担保与投保义务。联合国《破产法立法指南》在"破产管理人的赔偿责任"部分指出：解决损害赔偿责任的一种方式可以是要求破产管理人设置一项保证金或投保，用于补偿破产财产中资产损失或可能因其渎职而须支付的赔偿金。各国破产法通常也要求破产管理人提供担保。我国虽然也规定了个人担任管理人的，应当参加职业责任保险，但尚未涉及投保人、受益人、保险范围等内容，亟待立法构建完善的执业责任保险制度。

（三）明确管理人的责任承担

从破产企业权力结构来看，破产管理人在破产程序中拥有重大权力，应该重视对其滥用权力的责任追究。破产管理人若违反"勤勉尽责，忠实履行职务"的义务，给债务人财产或债权人造成损失的，应当予以民事乃至刑事处罚。各国均重视对破产管理人的法律责任追究问题，大陆法系国家一般在破产法中做出了明确规定，如德国可对破产管理人予以民事制裁，法院可先予以警告再处罚款；也可要求破产管理人对全体当事人承担损害赔偿义务。日本则在破产法中规定了刑事处罚，单处或并处罚金。英国在破产法中对此问题则更多体现出一种信托法原理的运用。分析《英国破产法》第304条的法律规定，其实质应当是一种法院推定信托，从而实现对受信于破产管理人的破产债权人利益的救济与保护。该法律规定首先对破产管理人由于过失造成破产人财产损失的情形，允许法院命令其返还原物或进行赔偿。其次，本书认为在推定信托情形下依据英国信托原理，对此处规定的赔偿损失应作广义理解，即由于受托人（破产管理人）的信托违反行为，若造成破产人财产损失的自不待言，但若其行为使得破产财产增值的，所得利益也应当归入信托财产，即此处的破产人财产范围。我国《企业破产法》第十一章"法律责任"中明确规定了对破产管理人责任追究的方式包括民事责任、刑事责任以及民事制裁。下面将介绍民事责任和刑事责任。

1.民事责任

破产管理人民事责任的承担主要需解决谁来承担、向谁承担、如何承担以及承担多少的问题。也即需要明确谁为承担主体，谁为责任对象，责任方式为何以及责任范围如何。首先，责任主体是破产管理人个人。管理人虽然控制破产财产，但其并不因处理破产财产而得到财产产生的收益，破产财产及其收益仍分属破产程序中的不同主人。管理人获得的报酬是为其所付出劳动和承担风险责任的对价。多数国家或地区的破产法规定，管理人的报酬由法院决定，如美国、德国、日本及我国。还有一些国家如英国、澳大利亚、加拿大等规定了由债权人会议或其他机构决定管理人的报酬。管理人对自己在任期间的管理行为承担责任，对于管理人聘用人员的行为，原则上实行责任自负，但若管理人对造成损失的聘用人员在选任、监督上有过错，其过错与损失之间有因果关系的，应当承担相应责任；若管理人对聘用人员的过错行为有指使、纵容、参与或者庇护等情形，构成共同过错的，应当与该行为人承担连带责任。

其次，责任对象主要是债权人，还包括债务人与其他受益权利人。如前述，在英美国家的破产法中，通常根据信托理论，将管理人义务视为信托义务，且属推定信托。推定信托是指在某些情况下，受托人或居于受信任者地位的其他人，通过他们的受托人地位或受信任者地位获得了利益，衡平法为保护受益人的权益而推定成立的信托。推定信托适用的范围早已从传统处理家庭财产的推定信托规则延伸至商业领域，逐渐扩张为可用来处理包括受托人、雇员、代理人、公司董事等故意或过失违反诚信义务、实施的侵害非良知行为制度。商业领域内信义人本人违反义务的情况大致可以分为两大类：一类是信义人参与了某项交易，并在其中担当双重角色，即一方面代表委托人的利益，另一方面代表自己的利益，并因此获得了利益；另一类是信义人凭借其受托人地位获得了本不应该获得的利益与报酬等。此外，在第三人对信托财产进行干涉时，第三人被推定为推定受托人违反信义义务致使适用推定信托。当信义财产没有按照信义文件的规定得到妥当处置时，法院在某些情况下，会将管理信义财产的义务赋予对错误处置财产负有责任的人员。英美破产法理念及判例普遍认为，管理人对债权人、债务人等主体负有信托义务，违反该义务可能导致其承担民事责任。同时，对其他主体非基于信托义务而承担民事责任的判例也十分多见。但管理人是否基于信托义务承担民事责任，有着不同的法律依据。如基于信托义务的管理人民事责任主要依据破产法及信托法、公司法等相关立法，如美国的判例将这种推定信托关系中的委托人主体范围确定为债务人、债权人、特定情形下的股东等其他利害关系人。基于非信托义务的责任一般规定于其他法律中。通常来说，第三人是在破产程序中除债权人、债务人及股东之外的其他与破产程序有关联的民事主体。信托义务的基础在于委托人与委托财产之间有一种所有权或者所有权的预期，若相关主体不具有这种关系，则其与管理人之间不存在推定信托关系，管理人承担的相应责任也非信托责任。这两种不同责任的归责及免责条件均有所不同，如管理人对第三人的责任是基于非信托义务，可因其实行了职权范围职能的行为获得免责，但该种免责不适用于信托责任情形。我国《企业破产法》将债权人、债务人及第三人统一归入追究管理人民事责任的适格主体的做法，没有区分管理人承担民事责任的法律义务来源，在理论与实践操作中均存在一定问题。

最后，责任形式。我国法律规定了对违反忠实义务与勤勉义务的管理人，人民法院可以处以罚款。是否予以该种民事制裁以及罚款数额高低，取决于行为情节轻重。一般而言，故意行为特别是欺诈行为以及严重的疏忽或懈怠，应当从重处罚。管理人造成损失的,应当承担赔偿责任。若侵犯全体破产债权人的利益,债权人诉讼赔偿所得赔偿金应当纳入破产财产进行统一分配。若侵犯共益债权人利益,共益债权人可单独要求赔偿。若损害股东利益,股东要求赔偿后支付给受损失的股东。我国有学者主张应给管理人引入最高赔偿限额制度,通过责任保险索赔,认为可借鉴海商法的规定,根据破产程序涉及的财产金额,划分若干范围,不同的金额范围有不同的赔偿限额,且可以管理人的执业报酬作为计算单位,限定管理人的最高赔偿限额。虽然目前世界各国立法尚无最高限额规定,但因管理人的执业报酬与管理的破产财产数额差距悬殊,若要求其以实际损失为限承担全部赔偿责任显然不可能,亦不现实。我国《企业破产法》于第二十四条规定了个人担任管理人应当参加执业保险,对于管理人的民事责任制度借助责任保险来分散加害人的民事赔偿责任的风险,可避免个人管理人因自由财产不足无力支付赔偿金,有助于受害人利益的保护,值得进一步思考与研究。

2.刑事责任

大陆法系国家和地区强调破产管理人应当尽善良管理人的注意义务,因此重点关注其违反职权的犯罪行为,罪名主要为"行贿罪""收受贿赂罪""渎职罪"等。英美法系国家对破产管理人的定位是受托人,强调其对破产财产的信托义务,因此重点关注其管理破产财产中违法行为的刑事责任追究。如《美国联邦刑法典》关于破产受托人刑事犯罪的规定十分详尽,虽然只在第151~155条用五个条文表述破产犯罪,但内容丰富,将破产犯罪分为债务人破产欺诈犯罪和债权人、破产受托人、保管人、法院官员等其他相关人犯罪。破产管理人犯罪的种类主要包括侵吞债务人资产罪、进行自利交易和拒绝有关人员检查文件罪、私分费用罪。

我国《企业破产法》并没有单列破产管理人承担刑事责任的条文,只是在第一百三十一条有总括性规定,即违法行为构成犯罪的,依法追究刑事责任。我国刑法对犯罪采用定性与定量相结合的认定方式,通常以后果是否严重、损失是否巨大作为违法与犯罪的分界点。管理人刑事责任的承担亦采用此种认定模式。管理人在破产程序中的重要地位和广泛权力前文已论及,其在管理破产财产过程中完全可能有不当行为,或者利用职务之便实施造成他人损失的行为。例如,管理人违反注意义务,可能会为了保护债务人或损害债权人,对债务人实施的破产欺诈行为不予撤销,不积极追回相应财产。这种不作为有可能出于故意,亦可能是过失所致。再如,管理人违反忠实义务,利用职务之便为自己牟取私利,包括管理人私下收受贿赂或其他好处损害破产财团利益的行为;私自侵吞破产财产的行为;利用破产财团的信息和商事机会,造成破产财团不当损失的行为等。管理人进行自我交易、关联交易的行为均属于违反忠实义务,应及时予以惩处。

我国法律体系的一大缺陷就是协调性、系统性差,民事责任与刑事责任很难实现"无缝对接"。我国并未采用附属刑法的立法模式,刑事责任的追究只能通过刑法典进行。但很多需要"依法追究刑事责任"的行为,却没有刑法的罪名予以呼应。各法律部门协调统一、配套完善,才能更好地发挥作用。特别是应避免"某一制度的孤军突进和孤立无援,导致无法形成制度之间的合力"。破产管理人的刑事责任追究存在立法无法呼应的问题,所以,应当进一步完善破产犯罪立法,增加相应罪名与法条,使破产管理人的民事责任与刑事责任有效衔接。

三、破产保全制度与破产欺诈的预防

(一)破产保全制度概述

在破产程序中,破产债务人的财产无法清偿所有债权。无担保债权人不能得到足额清偿,若担保物灭失或没有足够交换价值,则有担保债权人主张的权利也无法实现。为了阻断个别债权人的抢先执行,保证全体债权人的公平受偿权,法律规定了破产保全制度。该制度是指在破产程序开始前后,限制以债务人财产为标的行使权利或执行行为,以保证债务人财产的完整性。破产保全制度能够有效地预防破产欺诈行为。一方面,债务人财产得到保全,使得个别债权人无法进行收取债务的行为,避免了用于清偿债权的总资产价值减少;另一方面,债权人停止对债务人的追索,也使债务人有机会对其财务状况加以审视,选择能够最大化破产财产价值的方案。总之,破产保全制度在保护债权人利益方面有重要作用。

关于破产保全制度的称谓并不统一,实际上在我国现行破产法律体系中并没有这个概念,只是大陆法系国家多称其为破产保全。《美国破产法》将其称为自动冻结。自动冻结制度是外国破产法中相当有代表性的制度,是指破产申请一经提出,债权人所有的债权收取行为应当停止,产生冻结的效力。《美国破产法》第362条(a)款规定了八类冻结所约束的行为,包括了所有向债务人逃债的司法行为与非司法行为。该制度强调"自动"性,是随着破产申请的提出立即产生效力,而实施"冻结"行为将会产生无效、可撤销、被判蔑视法庭并承担损害赔偿金的后果,若违反行为人是故意或有过错,给受益人造成损失的,法院也会判定其承担损害赔偿责任。美国的破产保全制度主要有以下特点:①自动生效。冻结制度的生效和适用无须借助专门的冻结请求或命令,破产申请本身就可以自动产生冻结的效力。②范围广泛。该制度始于破产重整程序,在自愿破产、强制破产、破产清算和重整程序中均自动生效。冻结制度的目的在于停止所有的催债行为,任何实现债权的行为均被明令禁止,属于冻结例外的行为非常有限,主要包括对债务人的刑事诉讼,政府治安权或行政权的实施,赡养费和子女抚育费的执行等。③适用灵活。主要体现为给予法院很大的自由裁量权,在特定情形下可颁相关禁令,《美国破产法》第362条还授权破产法院可以基于正当理由解除冻结,法官可自行决定自动停止与不自动停止行为。典型的如合伙情形下,部分合伙人不在自动停止范围内,尽管有其他合伙人可能申请个人破产,就合伙性质而言应当允许其他合伙人的债权人提出债务清偿请求。但若法官认为有关请求会影响到债务人的案件审理,也可以将向这些合伙人提出的债务清偿列入自动停止范围。英美法历来注重权利本身所包含的救济内容,因此当该制度影响到其他相关主体的合法正当利益时,例如债务人的担保债权人、财产共有人等,允许法官运用解除自动停止以及债权人充分保护等原则,对前述相关主体的利益予以保护、救济。

同美国自动冻结制度赋予法院灵活自由裁量权不同,日本破产保全制度更注重统一体系化构建,其基本特点主要包括:设立保全管理人和保全管理命令制度;保全对象则限定为债务人营业、财产及财产管理等;法院可以发布变更或撤销保全的命令,同时赋予利害关系人以异议权;在符合法定条件时,法官可以撤销终止其他程序命令和总括禁止命令,相关程序在命令撤销后恢复;保全由法院依申请或职权发布。其他国家的破产保全制度规定的侧重点不尽相同,如德国的临时管理人制度,英国对融资租赁的特别规定,法国的债务人企业股份和投资额转让规定等,但共通之处都是重视破产程序开始以前的破产保全,通常是指当事人的破产申请提出时。我国《企业破产法》没有出现"破产保全"的字眼,但第十五条要求债务人的有关人员应当在收到法院受理破产申请裁定时起,对其所占有、管理的财产、账簿文书等,负有妥善保管义务,可视为有关破产保全的原则规定。进一步分析我国法律规定可知,破产保全开始时间仅为人民法院受理破产申请后,显然忽视了破产程序开始前的保全。同时,破产保全在适用范围、救济方式、责任承担方面仍有诸多不足与缺失。

（二）破产保全的功能及与破产欺诈的关系

破产保全的核心功能实质上就是防止在破产程序开始之前债务人的财产流失，保持破产财产的完整性。在日本，为了保证破产程序的实效性，法律上设置了保全处分制度。其目的表现为对全体债权人利益的保护以及对债务人利益的保护两个方面，保全措施不限于财产保全处分，还包括人身保全。破产保全制度的利益保护功能有如下体现：第一，破产程序开始之前债务人实施的不利于债权人的财产处分行为被禁止。如《日本破产法》第 91 条规定的"关于债务人财产的保全措施"，《德国破产法》第 21 条也要求破产法院可以采取一切必要或适当措施，防止债务人的财产状况在申请破产裁定作出之前发生不利于债权人的变动。债务人有权对采取的措施命令提出即时抗告。第二，债权人之间彼此争抢获得债权清偿的行为被禁止。例如，《美国破产法》第 362 条规定了自愿或强制申请破产一旦提出，债权人所有收取债权的行为应当停止。自动冻结制度可以保障无担保债权人与其他债权人一起获得平等受偿的权利。《日本破产法》也规定，破产保全制度的基本目的在于禁止特定情形下债务人不适当的债务清偿行为，因此保全命令由法院作出，债权人不能擅自违背该命令接受债务人清偿或进行其他消灭债务的行为。这即是对偏颇性清偿行为的限制。日本相关破产法律规定在强调债权人利益的同时，通过催收禁止的保全处分、强制执行禁止等规定，对债务人利益也给予了应有的法律关注与保护。破产保全对债务人利益的保护主要体现为禁止债权人的讨债行为。如美国的自动冻结制度规定了相当广泛的冻结范围，可以说包括了个别债权人对债务人的任何追索求偿行为，为达目的的干扰侵犯行为，以及所有取消担保回赎权的行为，甚至债权人私下礼貌地请求债务人清偿债务的行为也在禁止之列。自动冻结可能会促使债权债务人双方达成新的重整方案、偿债措施，极大地缓解了债务人的财务压力。

结合上述对各国破产保全制度的功能分析可知，该制度对预防破产欺诈有着重要作用。首先，破产欺诈的核心就是违反诚实信用原则、违反破产程序要求，采用各种手段减少债务人财产、损害债权人的利益。而破产保全制度的核心在于防止债务人财产的减少，防止债权人利益受到损害。预防破产欺诈与破产保全二者的目的均是保证破产程序开始后债权人的公平受偿权。其次，破产保全制度的一个重要功能即为禁止债务人在破产程序开始之前实施不利于债权人的财产处分行为。破产欺诈行为虽然多数发生在破产申请之前，但是，在破产申请开始以后至法院裁定破产程序以前，由于破产管理人尚未接管破产财产，无人管理的债务人财产极易流失。例如，债务人可能会出于自身利益考量转移财产,或对个别债权人进行偏颇性清偿;债权人亦可能会对债务人财产抢先执行或采取其他掠夺措施。这些发生在破产申请之后的欺诈行为,均会对其他破产债权人的利益造成损害。而破产保全制度的"冻结"财产行为,可以有效防止破产财产流失,客观上起到了预防破产欺诈的效果。最后,破产保全的实施还能帮助破产管理人及法院甄别有关债权债务关系,撤销破产欺诈行为。破产保全停止了所有的索债行为,破产管理人和法院可以判断相关行为是否存在违法性,特别是那些已经进入诉讼程序甚至取得司法执行权的债权,以及享有担保权的债权,是否是个别债权人知道了债务人面临破产境地时为满足自己债权的优先实现而抢先进行的个别执行行为或偏颇性清偿行为。若此类行为发生在破产法规定的临界期内,则属破产欺诈行为,应当予以撤销。

(三)破产保全制度的健全措施

相较于美、日等国的破产保全制度,我国破产保全制度的构建应注重从以下几方面完善:

第一,破产保全生效时间应提至破产程序开始之前,并指定临时管理人。保持破产财产的完整性与债权人利益一致,我国目前规定了"自人民法院受理破产申请的裁定送达债务人之日起至破产程序终结之日"阶段的破产保全,但在提出破产申请到法院破产裁定下达的"空窗期"内没有任何保全措施。此段时间短则15日,长则达37天,足够债务人实施财产隐匿、转移等破产欺诈行为。很多国家的破产保全生效时间都规定于破产程序开始之前,如日本、德国、法国等。而美国的自动冻结于当事人申请破产时自动生效,无须保全申请。对于我国而言,自动冻结制度未必适合,但可建立破产程序开始之前的临时保全制度。

第二,破产保全适用范围应扩大,重视对人身和行为的限制。《德国破产法》第21条、《日本破产法》第38条、39条均有对人的保全措施的规定。通常是在其他保全措施的效果不如意时,法院强制拘传并在拘传后羁押或必要时予以拘捕债务人和债务人有关的人员。这有利于防止债务人恶意转让财产的行为,起到保护破产财产的作用。另外,可采用普遍禁止加例外规定的立法模式规定破产保全适用范围,尽可能多地囊括一切不利于破产财产的行为。如《美国破产法》第362条即采用此种规定模式。

第三,破产保全的违反责任应明确。我国《企业破产法》中规定了违反破产保全的法律后果,但对有关行为的处罚未明确责任。如违反提交、移交义务的,法院对直接责任人员处以罚款,但是,并没有规定罚款数额,也没有规定民事赔偿责任。我国立法可借鉴他国规定设置相应的惩罚性后果,以发挥破产保全制度的功效。破产保全作为一项重要的预防破产财产流失、体现破产程序中债权人权利平等的原则,应当在破产法中集中独立规定。

参 考 文 献

[1] 柴乐，耿晓兵．企业破产拍卖程序与刑事程序的冲突及解决办法[J]．法制博览，2021，（10）：37-40．

[2] 程美玉．企业破产清算税务筹划分析[J]．财会学习，2021，（30）：7-9．

[3] 付兴，刘群．民营企业破产重整法律问题探析[J]．经济研究导刊，2021，（14）：147-152．

[4] 高铭暄，马克昌．刑法学[M]．北京：北京大学出版社，2019．

[5] 高铭暄．中华人民共和国刑法的孕育诞生和发展完善[M]．北京：北京大学出版社，2012．

[6] 郭丰利，万彩娥．企业破产中的现行金融债权保护问题及完善[J]．法制博览，2022，（14）：60-62．

[7] 李坤．税收债权在企业破产清算中的运用策略[J]．法制博览，2022，（13）：65-67．

[8] 潘晓朋．区块链时代《企业破产法》的机遇与挑战[J]．法制博览，2021，（22）：79-80．

[9] 王爱立．中华人民共和国刑法解读[M]．北京：中国法制出版社，2018．

[10] 吴尧，吴杰．企业破产管理人考评之浅析[J]．市场周刊，2021，34（7）：145-148．

[11] 肖玉龙．民营企业破产重整的问题探究[J]．环球市场，2021，（32）：257-258．

[12] 徐澍．企业破产与刑事追缴退赔交叉问题研究[J]．东北农业大学学报（社会科学版），2020，18（3）：43-50．

[13] 伊吉龙．对企业破产清算审计的相关研究[J]．财会学习，2021，（34）：141-143．

[14] 俞敏洪．企业破产的原因[J]．企业文化，2018，（13）：82-83．

[15] 张高，陈文．房地产企业破产中购房人权利问题研究[J]．中国房地产业，2021，（23）：250-253．

[16] 张书刚．企业破产重整的会计处理难点探析[J]．全国流通经济，2021，（34）：184-186．

[17] 张西锋. 企业破产审计目标的确定[J]. 中国注册会计师, 2020, (9): 70-71.

[18] 郑怡玲. 企业破产重整中债权人利益保护探讨[J]. 法制博览, 2021, (23): 104-105.

[19] 智胜国. 论企业破产重整的新途径[J]. 经济师, 2018, (9): 276-277.

[20] 周晓, 汤霞. 中小企业破产重整制度探究: 程序调整和恢复[J]. 法制博览, 2022, (11): 79-81.

[21] 朱铁军. 刑民实体关系论[M]. 上海: 上海人民出版社, 2012.

[22] 邹鑫. 民营企业破产保护的路径与对策研究[J]. 法制博览, 2022, (5): 93-95.